Elisabeth Polster

Das GLÜCK liegt im DARM

Der Mensch als wandelndes Bakterien-Universum

DALASA
VERLAG

Inhalt

Teil 1

Teil 2

Teil 3

Teil 4

Tipps und Tricks für einen gesunden Darm

Rezepte für ein gutes Bauchgefühl

Anhang

Einleitung

Meine persönliche Geschichte und wie ich zu einer Bakterien-Freundin geworden bin

56 Jahre ist es her, als ich zur Welt kam. Meine Mutter war gerade 27 Jahre jung und hatte während der Schwangerschaft Diabetes mellitus Typ 2 entwickelt. Dieser ist ihr ein Leben lang geblieben. Vom Jugendalter an übergewichtig, schwor meine Mama, darauf zu achten, dass ihre Kinder schlank sein sollten. Sie sorgte dafür, dass mein Bruder und ich unter anderem nur wenig Süßes aßen; Gemüse und Eintöpfe wurden nicht mit Mehl eingedickt, welches damals eine gängige Zubereitungsart war – und auch heute noch ist. Die Anstrengungen meiner Mutter waren erfolgreich: Mein Bruder und ich sind bis heute schlank. Die Erkrankung meiner Mutter, ihr Übergewicht und viele Gespräche über gesunde Ernährung haben mich von Kindheit an geprägt und mein Interesse für einen für uns Menschen artgerechten Lebensstil geweckt. Zunächst verschlang ich hobbymäßig Beiträge zu den verschiedensten Gesundheitsthemen in Büchern und im Fernsehen. Ich probierte verschiedene Ernährungsempfehlungen und Sportarten aus, um fit, schlank und gesund zu bleiben. Da ich immer sehr gerne und

viel gegessen habe, war Sport für mich der Freifahrtschein um meine Schlemm-Exzesse ohne schlechtes Gewissen genießen zu können. Nicht ganz ohne Folgen, wie ich Ihnen später noch erzählen werde. Jahre vergingen, und das Ende meiner Tätigkeit in einer Werbeagentur stellte mich vor eine neue Herausforderung: Es gab mir die Möglichkeit, in mich zu gehen und zu überlegen, was ich beruflich zukünftig machen möchte. Es dauerte nicht lange, um zu erkennen, in welche Richtung mein Interesse, meine Leidenschaft und mein Engagement gehen würden. Ich wollte Menschen dabei unterstützen, ihre Ernährungsgewohnheiten zu verändern. Vor allem dann, wenn sie sich in ihrem Körper unwohl fühlten, es ihnen an Vitalität fehlte, sie an Übergewicht oder schon an chronischen Erkrankungen litten. Mit dieser Erkenntnis durchfuhr mich ein Motivationsschub, der mich schließlich zu den notwendigen Ausbildungen führte, welche es mir möglich machten, meinen Beruf als Expertin für Stoffwechselaktivierung und Ernährungscoach offiziell auszuüben.

Im Jahr 2010 eröffnete ich meine Praxis für Stoffwechselaktivierung im 13. Wiener Gemeindebezirk. Dank einiger meiner Vorträge und etwas Mundpropaganda durfte ich schon bald meine ersten Kunden bei ihrer individuellen Ernährungsumstellung und Stoffwechselaktivierung begleiten. Die Erfolge waren durchwegs positiv. Doch nicht alle Kunden, die zu mir kamen, konnten die gesteckten Ziele – ob nun gewichtstechnisch oder gesundheitlich – erreichen. Natürlich war mir bewusst, dass es sehr viele Einflussfaktoren gab, die bei dem ein oder anderen zu Erfolg oder Misserfolg beitrugen. Einigen Menschen war zum Beispiel gar nicht bewusst, dass sie unter Dauerstress standen, welcher das Abnehmen sehr schwierig machte. Stress war für solche Menschen zur Normalität geworden. Die Auswirkungen von Stress auf die Funktionsweise unseres Stoffwechsels, auf unser Hormonsystem und auf unsere Darmgesundheit sind weitreichend - und vielen Menschen nicht bekannt. Auch für mich lagen zu diesem Zeitpunkt noch viele Zusammenhänge im Dunkeln. Doch ein Gedanke und ein Gefühl - es war damals schon mein Bauchgefühl - sagten mir, dass unsere Darmgesundheit eine tragende Rolle dabei spielt, ob wir uns leistungsfähig, gesund und voller Tatendrang fühlen, ob wir unsere Abnehmziele erreichen oder aber ob wir kränklich, müde, depressiv, übergewichtig und antriebslos durchs Leben schreiten.

So waren meine Sinne geschärft und eine Ausbildung, die mein Leben verändern sollte, war der nächste Schritt für mich. Ich ließ mich zur zertifizierten Fachberaterin für Darmgesundheit ausbilden. Ab diesem Zeitpunkt tauchte ich in dass Universum der Bakterien ein: Meine Leidenschaft für die winzigen Mikroorganismen, die den Ursprung alles Lebendigen auf unserer geliebten Erde darstellen, begann...

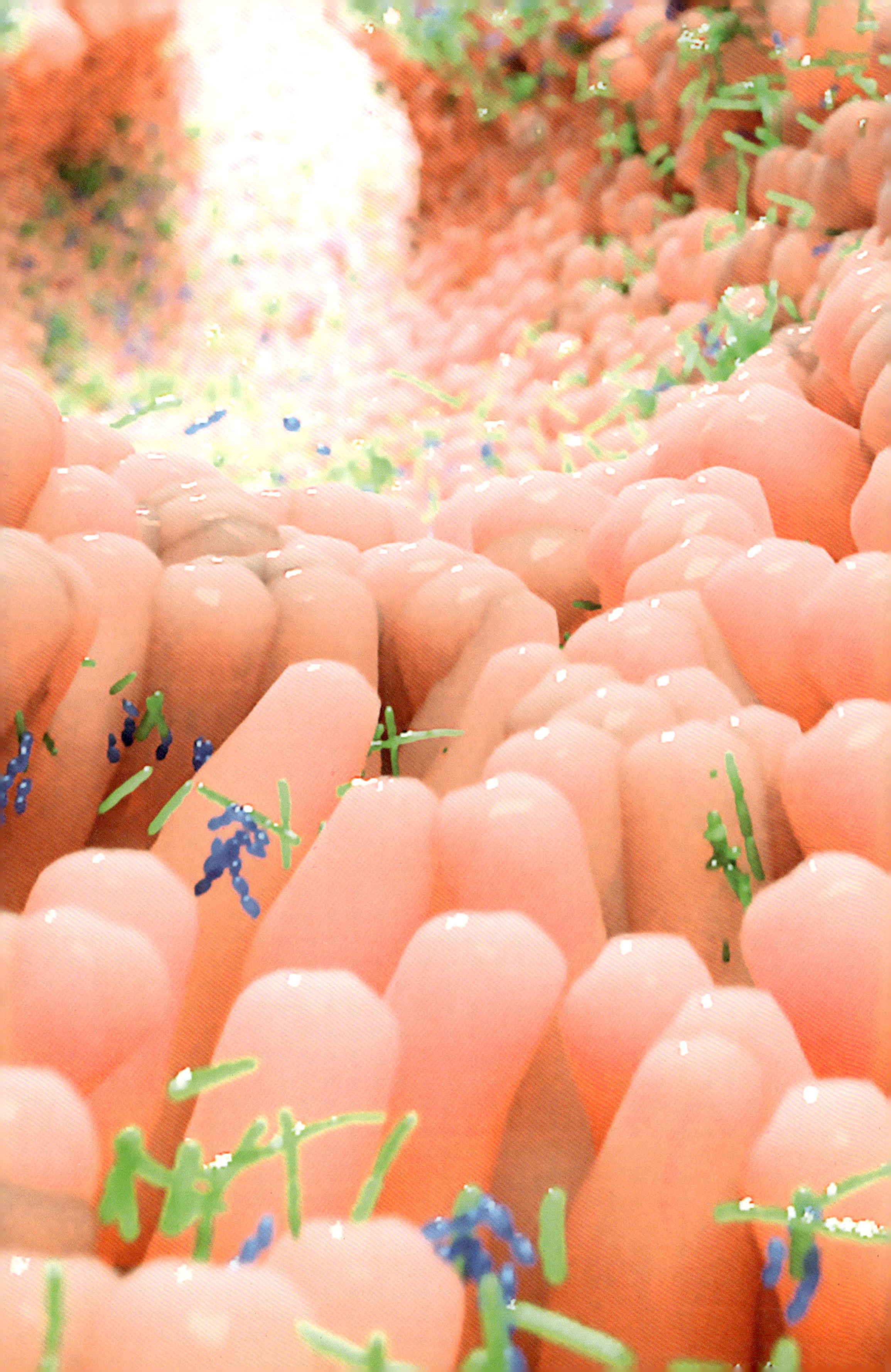

01

Mikrobiom, Verdauung, Darmbarriere

Teil 01
Mikrobiom, Verdauung, Darmbarriere

Unterschätzte Lebewesen
Nützliche Darmbakterien - Ein Hoch auf die Artenvielfalt

Darf ich Sie mit Ihrem Mikrobiom bekannt machen? Was Mikrobiom oder Mikrobiota, wie Wissenschaftler es heute bezeichnen, bedeutet? Das Mikrobiom oder die Mikrobiota ist die Gesamtheit aller in uns und auf uns lebenden Mikroorganismen. Dazu zählen Bakterien, Pilze, Viren und Parasiten. Ein intaktes und gesundes Mikrobiom zeichnet sich durch eine hohe Anzahl an Bakterien - und zwar möglichst vieler verschiedener Arten - aus. Man spricht dann von einer hohen Diversität. Je mehr verschiedene Bakterien uns besiedeln, umso eher ist gewährleistet, dass wir als komplexes Ökosystem reibungslos funktionieren. Mit Fachkräften meine ich, dass jede einzelne Bakterienart bestimmte Fähigkeiten besitzt und Aufgaben in unserem Organismus übernimmt. Bakterien der einen Art dienen als Schutzschild und befinden sich zum Beispiel auf der Haut, um Krankheitserreger abzuwehren oder um im Falle einer Verletzung die Wundheilung zu aktivieren. Andere Bakterienarten wiederum befinden sich in unserem Mund und sollen Viren das

Eindringen in unseren Körper erschweren. Und wieder andere befinden sich in unserem Darm und helfen uns unter anderem bei der Synthese und Bildung von B-Vitaminen für starke Nerven, von Vitamin K für die Blutgerinnung und von Serotonin, dem „Gute-Laune-Hormon". Last, but not least gibt es Bakterien in uns, die unser Immunsystem unterstützen und so unsere Abwehrkräfte stärken.

Bakterien gibt es, seit es die Erde gibt. Wir Menschen durften uns erst sehr viel später auf der Erde behaupten - und das mit Hilfe unserer winzigen Mitbewohner. Ohne sie sind wir Menschen nicht überlebensfähig. Solange es Lebewesen auf der Erde gibt (und darüber hinaus), wird es Bakterien geben. Wir Menschen leben mit ihnen in Symbiose. Ohne Bakterien ist ein Leben auf dieser Erde nicht möglich. Unsere Mitochondrien, also die Kraftwerke in unseren Zellen, sind allesamt Nachfahren von Bakterien. Spannend, oder? Für mich ein schlagendes Argument für die Wichtigkeit des Zusammenlebens von Bakterien mit uns Menschen. Leider werden diese winzigen Lebewesen, die mit bloßem Auge nicht zu sehen sind, immer noch unterschätzt. Obwohl die Mikrobiomforschung intensiv dabei ist, die Komplexität ihrer wertvollen Eigenschaften und das Zusammenspiel mit anderen Bakterien, Viren, Pilzen und Parasiten sowie die Verbindungen zu unseren Organen im Körper zu erforschen und zu entschlüsseln.
Uns allen wohlbekannt – samt schlechtem Ruf, der ihnen zurecht vorauseilt -, sind krankheitserregende Bakterien. Wir wissen, wie man sie unschädlich macht, beziehungsweise töten kann: Mit Antibiotika werden prominenten, krankheitserregenden Keimen wie unter anderem E. coli-Bakterien, Salmonellen, Shigellen, Campylobacter und Listerien, um nur einige wenige zu nennen, der Garaus gemacht. Bitte verstehen Sie mich nicht falsch, natürlich bin auch ich froh, dass es Antibiotika gibt und dadurch Infektionskrankheiten geheilt und Leben gerettet werden können. Da viele Ärzte und Wissenschaftler ihre Aufmerksamkeit aber jahrzehntelang ausschließlich auf die Bekämpfung von Bakterien gerichtet haben, ist es nun mehr als an der Zeit, sich die „Guten" unter den Bakterien anzusehen und ihre gesundheitsfördernden Eigenschaften

und lebenswichtigen Funktionen genauer unter die Lupe zu nehmen. Denn ein gesundes Mikrobiom und eine Vielfalt sowie hohe Anzahl an „guten" Darmbakterien entscheiden darüber, ob wir ein starkes Immunsystem haben, ob alle Nähr- und Vitalstoffe in unseren Blutkreislauf gelangen, ob schädliche Keime wie krankmachende Bakterien, Pilze, Viren und Parasiten unschädlich gemacht und direkt zum Ausgang befördert werden, und ob wir gut vor Nahrungsmittelunverträglichkeiten geschützt sind. Welche Auswirkungen die Einnahme von Antibiotika auf unser Mikrobiom und in der Folge auf unseren gesamten Organismus hat, werden wir uns später noch ansehen.

Lassen Sie uns Ihre Aufmerksamkeit nun auf Ihre Darmmikrobiota lenken. Können Sie sich vorstellen, dass, wenn man alle Bakterien aus Ihrem Darm entfernen würde, Sie eineinhalb bis zwei Kilo leichter wären? Sollten Sie zwei Kilo von Ihrem Wohlfühlgewicht trennen, könnten Sie jetzt den Gedanken haben: „Wie kann ich meine Darmbakterien so schnell wie möglich loswerden?" Doch wenn Sie dieses Buch zu Ende gelesen haben, werden Sie, so hoffe ich, anders denken. Sie werden froh darüber sein, wenn viele dieser wertvollen stillen Helfer Sie auf Ihrem Lebensweg begleiten. Kaum vorstellbar, da mit bloßem Auge nicht sichtbar, existieren in uns Menschen zehnmal mehr Bakterien als Körperzellen. Wir sprechen hier von 80 bis 100 Milliarden nützlicher Bakterien verschiedenster Arten. Mit einer Größe von 300 bis 400 Quadratmetern und einer Länge von sieben bis acht Metern ist unser Darm das größte Schleimhautorgan im Körper. Diese Größe entsteht durch die vielen fingerartigen Ausbuchtungen, die als Darmzotten bezeichnet werden und die Darmoberfläche um ein Vielfaches vergrößern. Der größte Anteil davon entfällt auf den Dünndarm.

Schon die Erstbesiedelung mit Bakterien bei der Geburt, entscheidet wie stark unser Immunsystem wird.

Haben Sie sich schon gefragt, wie diese vielen Mikroorganismen in unseren Körper kommen?

Bevor wir alle das Licht der Welt erblicken, sind wir in der Fruchtblase unsere Mutter wohlig warm und steril eingebettet. Mit der Geburt und dem Passieren des Geburtskanals kommen wir zum ersten Mal in Kontakt mit Bakterien, in diesem Fall mit der Scheidenmikrobiota unserer Mutter, mit deren Bakterien wir besiedelt werden. Dabei werden auch Bakterien aus dem Darm der Mutter übertragen. Genau hier liegt einer der entscheidenden Momente: Entwickeln wir ein gesundes und tatkräftiges Mikrobiom? Oder erfahren wir Startschwierigkeiten im Hinblick auf eine natürliche und gesunde Ansiedelung der für uns lebensnotwendigen Bakterien und entwickeln möglicherweise im Verlauf unseres Lebens daher zum Beispiel eine Allergie oder Nahrungsmittelunverträglichkeit? Diese Erstbesiedlung mit Bakterien wiederum ist natürlich abhängig von den Mikroorganismen, mit denen unsere Mutter zum Zeitpunkt der Geburt besiedelt ist.
Je diverser und gesünder die Bakterienbesiedlung der Mutter ist, desto besser gelingt eine darauffolgende Besiedelung für das Neugeborene.

Diese nimmt ungefähr drei bis fünf Jahre in Anspruch. Erst dann können wir von einem fertig ausgereiften Darmmikrobiom sprechen. Was aber passiert, wenn eine natürliche Geburt nicht möglich und ein Kaiserschnitt notwendig ist? In diesem Fall macht ein Neugeborenes zunächst vor allem Bekanntschaft mit den Mikroorganismen, die sich im Operationssaal befinden; die natürliche Besiedelung über den Geburtskanal fällt aus. Zu einer Zeit, in der die Mikrobiomforschung noch in den Kinderschuhen steckte, hat man dem Geburtsvorgang und dem Zusammenhang mit der mikrobiellen Erstbesiedlung noch keine Aufmerksamkeit geschenkt. So kam es auch, dass viele Frauen – obwohl medizinisch nicht notwendig - einen Kaiserschnitt bevorzugten, um sich die Schmerzen einer natürlichen Geburt zu ersparen. Besonders in den USA stehen geplante Kaiserschnittgeburten noch immer an der Tagesordnung.

Aber was tun, wenn eine Kaiserschnittgeburt unumgänglich ist, um die Gesundheit von Mutter und Kind nicht zu gefährden? Haben Sie vielleicht schon einmal den Ausdruck „Vaginal Seeding" gehört? Auch als „vaginale Impfung" bezeichnet, beschreibt es den Vorgang, das Neugeborene nach einem Kaiserschnitt mit den Bakterien aus der Scheide der Mutter zu benetzen. Dazu wird eine sterile Tamponade noch vor dem geplanten Kaiserschnitt in die Vagina der Mutter eingeführt. Dort saugt sich die Tamponade mit dem bakteriellen Scheidensekret der Mutter an und wird anschließend keimfrei gelagert. Sobald das Neugeborene auf der Welt ist, wird sein Gesicht mit der getränkten Tamponade betupft. So wird auf einem kleinen Umweg die Natur nachgeahmt - in der Hoffnung, das Neugeborene in seiner gesunden Entwicklung zu unterstützen. Denn Studien zeigen, dass Kaiserschnitt-Babys ein erhöhtes Risiko haben, später an Asthma, Allergien oder Diabetes zu erkranken. Die vaginale Impfung des Neugeborenen wird in den USA bereits regelmäßig und erfolgreich praktiziert, obwohl ihre Sinnhaftigkeit in vielen anderen Ländern noch kontrovers diskutiert wird. Die Zukunft wird zeigen, ob Vaginal Seeding weltweit zu einer gängigen Vorgehensweise bei Kaiserschnittgeburten wird.

01

Einmal auf der Welt, sind wir umgeben und in guter Gesellschaft von Mikroorganismen aller Art. Sie befinden sich in der Luft, im Wasser, auf der Haut anderer Menschen, die mit uns in Kontakt treten, auf den Lebensmitteln, die wir zu uns nehmen, und auf allen Oberflächen, die wir berühren. Wie schon erwähnt, bauen wir innerhalb von drei bis fünf Jahren unser ganz eigenes Mikrobiom auf. Wir zeichnen uns letztendlich durch unseren individuellen Mikrobiom-Fingerabdruck ein Leben lang aus. Allein unser Darm beheimatet an die 100 Billionen Bakterien. Forscher haben bisher an die 1.500 verschiedene Arten von Darmbakterien entdeckt. Man geht jedoch von einer viel höheren Anzahl aus. Es bleibt zu erwarten, dass die Mikrobiomforschung noch viele spannende Erkenntnisse für uns bereithält. Worüber sich Mikrobiomforscher einig sind, ist, dass es essenziell, also lebensnotwendig für die Gesunderhaltung und das Überleben der Menschheit ist, diese winzigen Mikroorganismen im Auge zu behalten, die Forschung voranzutreiben und vor allem Mittel und Wege zu finden, um ihre Artenvielfalt zu steigern. Vergleicht man nämlich das Mikrobiom von Naturvölkern und von Menschen aus Industrieländern, gibt es auffällige Unterschiede in der Artenvielfalt und Anzahl an Bakterien, welche den Darm besiedeln. Naturvölker sind uns diesbezüglich weit voraus. Denn sie leben nach wie vor einen für uns Menschen artgerechten und naturverbundenen Lebensstil. Sie ernähren sich von Lebensmitteln, die unmittelbar in ihrer Nähe wachsen und reifen, bewegen sich ausreichend und entgehen unter anderem dem Stress der ständigen Erreichbarkeit via Handy oder Computer. Sie leben in Familienverbänden und erfahren Unterstützung, wenn sie diese brauchen, was zu körperlicher und psychischer Ausgeglichenheit führt.

Im Vergleich zu den Naturvölkern ist unser Mikrobiom hingegen im Begriff, zu verarmen. Das bedeutet, dass wir in unserem Darm eine geringere Artenvielfalt und eine geringere Anzahl an für uns gesundheitsfördernden Bakterien vorfinden. Geschuldet ist dies besonders der unkontrollierten, zu häufigen und nicht immer unbedingt notwendigen Einnahme von Antibiotika, Medikamenten, Schmerzmitteln oder Magensäurehemmern. Sie alle stören das Gleichgewicht unserer

nützlichen Superhelden und bringen es in eine Schieflage.
Darüber hinaus gibt es viele weitere Einflussfaktoren, die eine Reduzierung der „guten" Darmbakterien bewirken. An erster Stelle steht hier Stress. Stress, der für viele Menschen zur Normalität geworden ist. Wer denkt denn schon daran, dass es, wenn der Wecker morgens im Dunkeln um sechs Uhr klingelt, für unseren Organismus Stress bedeutet? Und hier ist noch lange nicht Schluss. Sie kennen ihn sicher, den ständigen Termindruck. Die Mail muss raus, beim Meeting sollen wir pünktlich erscheinen, nach der Arbeit wartet der Einkauf, die Kinder sollen von der Schule abgeholt werden. Da wir abends eine warme Mahlzeit zu uns nehmen möchten, sollten wir uns nach alldem auch noch mit einem Lächeln im Gesicht an den Herd stellen. Die Liste der Aufgaben, die wir alle tagtäglich zu erledigen haben, könnte ich noch fortführen – aber dazu später mehr.
Die Auswirkungen einer schwächelnden Mikrobiota sind weitreichend und spürbar. Sie führen zu einer nachlassenden Widerstandskraft gegenüber äußeren schädlichen Einflüssen, denen wir in der modernen, schnellen, hektischen Welt ausgesetzt sind. Aber bitte - ich möchte die Stimmung nicht zu sehr drücken. Das Glas ist nicht halb leer, sondern halb voll. Wir können sehr viel tun, um mit unseren zahlreichen winzigen „Untermietern" Freundschaft zu schließen und sie dabei zu unterstützen, in uns ein Zuhause in bestem Zustand zu finden. Wie sagt man noch? „Eine Hand wäscht die andere." Sind wir gut zu unseren Bakterien, werden unsere Bakterien auch gut zu uns sein.
GOOD FOR YOU IS GOOD FOR ME!

Ich hoffe, dass Sie sich jetzt schon ein klein wenig vorstellen können, zu einer Bakterienfreundin oder einem Bakterienfreund zu werden. Lassen Sie uns unsere Gläser heben: „Auf die ARTENVIELFALT!"

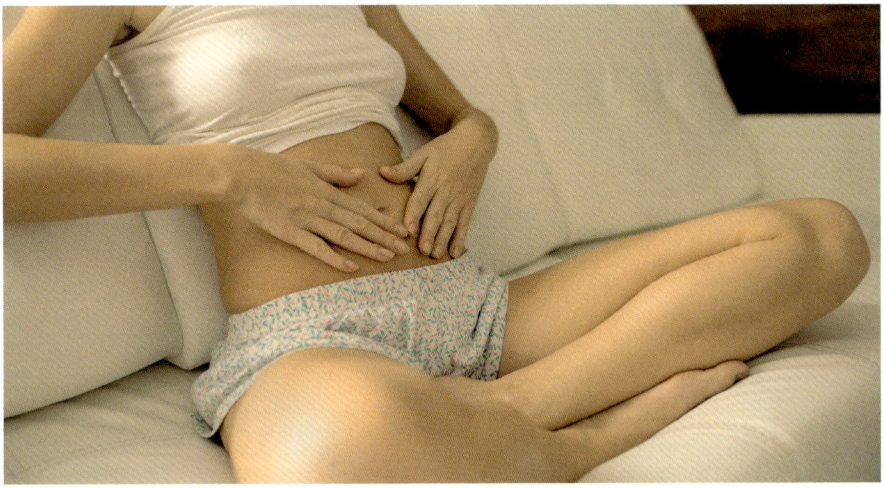

Für ein gutes Bauchgefühl

Die Verdauung beginnt nicht erst im Darm

Wenn wir von Verdauung sprechen, denken die meisten Menschen an den Darm - und an das, was hoffentlich täglich in der Toilette landet. Auf die Frage, ob man denn eine gute Verdauung habe, bekommt man häufig als Antwort: „Ja, alles bestens!" Fragt man noch etwas genauer nach, wie oft jemand auf die Toilette geht und wie die Konsistenz des individuellen Outputs ist, dann wird es schon etwas spannender: von einmal täglich über mehrmals täglich, von der Konsistenz her schön geformt oder breiig, manchmal durchfallartig, bis nur alle zwei bis drei Tage klümpchenartig und nur schwer auszuscheiden. Nur wenige Menschen beschäftigen sich mit der Beschaffenheit und dem Aussehen ihres Stuhls und moderne WCs, wie die sogenannten „Tiefspüler", tun ihr Übriges, damit wir unseren Stuhl weder sehen und im besten Fall auch nicht riechen können, da er ja sofort in der Versenkung verschwindet.

Aus den Augen, aus dem Sinn – schade - denn aus unserem „Verdauungsabfall" können wir wertvolle Informationen ablesen. Denn für unser Wohlbefinden, unser gutes Bauchgefühl, unsere Gesundheit und einen reibungslos ablaufenden Stoffwechsel ist es ganz und gar nicht egal, wie unser Stuhl aussieht. Wie Stuhl aussehen kann, wurde in einer Tabelle festgehalten: in der sogenannten Bristol-Stuhlformen-Skala (Bristol Stool Chart).

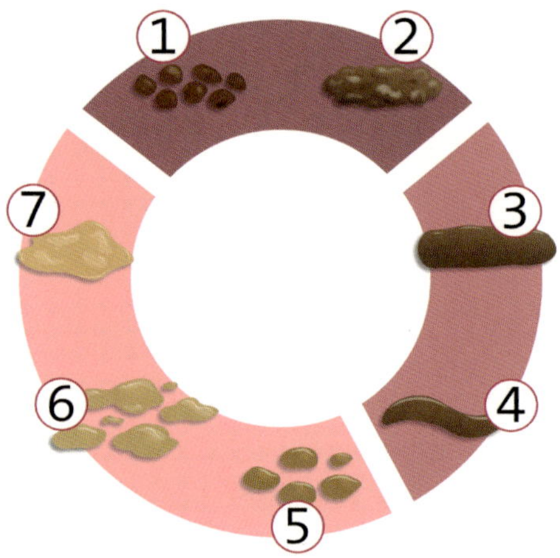

01 Einzelne, feste Kügelchen (schwer auszuscheiden)
02 Wurstartig, klumpig
03 Wurstartig, mit rissiger Oberfläche
04 Wurstartig, mit glatter Oberfläche
05 Einzelne weiche, glattrundige Klümpchen, leicht auszuscheiden
06 Einzelne weiche Klümpchen mit unregelmäßigem Rand
07 Flüssig, ohne feste Bestandteile

Sie stellt eine Übersicht über die Form, Farbe und Beschaffenheit des menschlichen Stuhls dar. Wenn Sie über ein Flachspüler-WC verfügen, dann begutachten Sie einmal Ihren Stuhl und vergleichen ihn mit dieser Übersicht. So können Sie selbst grob einschätzen, ob Sie eine gesunde Verdauung haben. Ein von mir sehr geschätzter Mentor, der Heilpraktiker Lothar Ursinus, hat einmal mit einem Augenzwinkern bei einer Fortbildung gesagt: „Ihr erkennt einen gesunden Stuhl daran, dass er aussieht wie eine schnittfeste Currywurst!“ In der Bristol-Stuhlformen-Skala finden Sie die Abbildung des „idealen“ Stuhls unter Typ 4; bezeichnet wird dieser als „wurstartig mit glatter Oberfläche“. Darüber hinaus lässt sich ein optimaler Stuhl schmerzfrei absetzen. Klopapier wird überflüssig, da es keine Rückstände gibt, die zu säubern wären. Ich kann mir gut vorstellen, welche Bilder Sie jetzt vor Augen haben - und vielleicht hegen Sie auch den Wunsch, das Thema zu wechseln.

Diesen Wunsch erfülle ich Ihnen gerne. Ich möchte nun mit Ihnen an den Anfang der Verdauung gehen. Denn Verdauung beginnt nicht erst im Darm. Unsere Verdauung ist, wie der Mensch selbst, ein komplexes, von der Natur gut durchdachtes System mit aufeinander in ihrer Funktion optimal abgestimmten Organen, die sich gegenseitig unterstützen. Die Hauptrollen in dieser Erfolgsserie übernehmen Mund, Magen, Dünndarm, Leber, Gallenblase, Bauchspeicheldrüse und Dickdarm. Wenn es am Anfang des Verdauungsprozesses schon Stolpersteine gibt, dann kann am Ende desselben auch kein zufriedenstellendes Ergebnis erwartet werden. Wahrscheinlich haben Sie nicht nur einmal in Ihrer Kindheit die Ermahnung Ihrer Mutter oder Ihres Vaters gehört: „Bitte iss nicht so hastig, setz dich hin und kaue dein Essen in Ruhe!“ Ein auch unter Erwachsenen unterschätzter Rat, welcher allerdings essenziell für eine reibungslose Verdauung ist. Denn diese beginnt nun einmal bereits im Mund. Durch den Kauvorgang, für den wir uns ausreichend Zeit nehmen sollten, wird Speichel mit dem für die Kohlenhydratverdauung notwendigen Enzym Amylase bereitgestellt. Das heißt, dass der erste Verdauungsschritt für Kohlenhydrate im Mund stattfindet und daher unsere ungeteilte Aufmerksamkeit verdient. Je länger wir den Bissen Wurstsemmel oder Roggen-Sauerteigbrot mit Avocado-Aufstrich im Mund zerkleinern, umso effektiver ist die Vorbereitung auf die spätere Aufnahme aller Nähr- und Vitalstoffe gewährleistet. So bekommt unser Gehirn ausreichend Zeit, um die richtigen Signale an unsere Verdauungsorgane zu senden, damit diese auf ihre bevorstehende Arbeit gut vorbereitet werden. „Gut gekaut, ist halb verdaut“, so ein allseits bekannter Rat. Wir alle tun gut daran, ihn zu verinnerlichen. Machen Sie doch bitte bei Ihrer nächsten Mahlzeit folgendes Experiment: Achten Sie darauf, dass Sie ungestört sind und dass Ihre Aufmerksamkeit nicht bei Fernseher, Handy oder Computer ist. Haben Sie Ihr Essen vor

sich stehen, so sehen Sie es sich doch einmal genau an. Nehmen Sie Ihre Mahlzeit mit all Ihren Sinnen wahr. Wie ist Ihr Essen angerichtet? Genießen Sie den Anblick und riechen Sie ausgiebig daran. Sobald der erste Bissen in Ihrem Mund landet, schließen Sie Ihre Augen. Kauen Sie in Ruhe und nehmen Sie die verschiedenen Geschmacksnuancen wahr, bevor Sie runterschlucken. Vielleicht sind Sie von Natur aus bereits jemand, der sich beim Essen ausreichend Zeit nimmt und seine Mahlzeiten mit Ruhe und Genuss verzehrt. Dann freut es mich.
Wenn Sie aber jemand sind, der sich nur wenig Zeit zum Essen nimmt, oft hastig oder vielleicht sogar im Stehen isst, sozusagen seine Mahlzeit zwischen Tür und Angel zu sich nimmt, dann ist es einen Versuch wert, für das, was auf dem Teller liegt, das Sie aktivieren und nähren soll, mehr Bewusstsein und Wertschätzung zu entwickeln. Ihr gesamtes Verdauungssystem wird davon profitieren. Als ich mit dieser Übung begann, musste ich feststellen, wie untrainiert meine Kaumuskeln waren. Denn nach einiger Zeit des bewussten Kauens taten sie mir weh, und ich musste eine kleine „Kaupause" einlegen. Vielleicht ergeht es Ihnen ähnlich. Wenn ja, so hoffe ich, dass es Sie motiviert, Ihr Kaumuskel-Training zu intensivieren. Denn beim bewussten und gründlichen Kauen können Sie ausreichend Speichel bilden. Dieser dient für die guten Bakterien auch im Darm noch als Futter. Gut gekaut (Ihr Magen wird es Ihnen danken!) und geschluckt, wandert Ihr Bissen nun über die Speiseröhre in Ihren Magen. Dazu öffnet sich am Mageneingang ein Muskel mit dem komplizierten Namen Ösophagussphinkter oder Mageneingangspförtner. Wenn Sie schlucken, dann entspannt und öffnet sich dieser Muskel, damit die Nahrung in den Magen gelangen kann. Gleich darauf schließt er sich wieder, damit weder Magensäure noch Nahrungsbrei in die Speiseröhre zurückfließen können. Leider kommt es im fortgeschrittenen Alter häufig zu einer Schwäche beziehungsweise zu einer Erschlaffung dieses Muskels, was wir dann leider mit Sodbrennen zu spüren bekommen. Auch wenn wir in jungen Jahren zu oft und zu viel Essen und/oder negative Emotionen durchleben, kann es zu einer Erschlaffung dieses Muskels und einem damit verbundenen Rückfluss der Salzsäure aus dem Magen kommen. Dies ist wichtig zu

wissen, da Sodbrennen, wie sehr oft angenommen, nicht immer von zu viel Magensäure kommt, sondern auch der Schwäche dieses Schließmuskels geschuldet sein kann.

Im Magen angekommen, liegt nun der Fokus auf der Eiweißverdauung. Die Magensäure und das Enzym Pepsin übernehmen hier die Hauptrollen. Sie sorgen dafür, dass die aufgenommenen Eiweiße (Proteine) für den weiteren Verdauungsvorgang gut aufgeschlüsselt und vorbereitet werden. Unangenehmen Eindringlingen, wie zum Beispiel krankmachenden Bakterien, wird mit Hilfe der Magensäure der Garaus gemacht. Und damit unser Magen sich nicht selbst verdaut, produziert er ständig neuen, schützenden Schleim.
Fette und Kohlenhydrate passieren unbehelligt den Magen, um später im Dünndarm weiter aufgeschlossen zu werden. Lassen Sie uns nun davon ausgehen, dass wir unsere Wurstsemmel oder - wenn es Ihnen lieber ist - unser Roggen-Sauerteigbrot mit Avocado-Aufstrich ausreichend gekaut und eingespeichelt haben, dass unser Magen vor Verdauungskraft nur so strotzt und über ausreichend Magensäure und Enzyme verfügt. Dann wird dieser gut vorverdaute Speisebrei von einem zufriedenen Dünndarm in Empfang genommen. Hier ist es der Pylorus (Muskel am Magenausgang), welcher dafür sorgt, dass portionsweise nur so viel Speisebrei an den Zwölffingerdarm (der erste Abschnitt des Dünndarms) weitergegeben wird, wie dieser auch verarbeiten kann.
Der Dünndarm hat nun die Aufgabe, mit Hilfe der Gallenflüssigkeit aus der Leber und mehr als 20 verschiedenen Enzymen aus der Bauchspeicheldrüse alle aufgenommenen Nährstoffe (Eiweiße, Fette, Kohlenhydrate) in ihre im Körper verwertbaren Einzelbausteine (Aminosäuren, Fettsäuren, Traubenzucker, Fruchtzucker, Schleimzucker) zu zerlegen. So aufgeschlüsselt, können die Nährstoffe durch die Darmwand ins Blut aufgenommen und über die Pfortader der Leber zugeführt werden, die sie in körpereigene Nährstoffe umwandelt. Von uns unbemerkt, sind während des Verdauungsvorgangs alle beteiligten Organe in Bewegung; wellenartig gelangt nun der Rest des Speisebreis, den wir nicht über den Dünndarm aufgenommen haben, in den Dickdarm.

Dort zählen wir die höchste Bakterienanzahl. Hier wird noch einmal geprüft, ob nicht vielleicht noch wertvolle Substanzen wie Vitamine, Mineralstoffe und Wasser aufgenommen werden sollen. Die dort lebenden Bakterien warten schon sinnbildlich mit Messer und Gabel in Händen auf ihr bevorzugtes Menü. Es sind die „unverdaulichen" Ballaststoffe, welche ihnen als Nahrung dienen. Unverdaulich deshalb, weil sie im Dünndarm nicht aufgespalten werden. Zum Dank für diese exzellente, kulinarische Versorgung produzieren diese Bakterien im Gegenzug kurzkettige Fettsäuren für uns. Diese benötigen wir für verschiedene Stoffwechselvorgänge. Dazu später mehr. Im End- oder auch Mastdarm genannt ist nun Endstation und alles für unseren Organismus Unbrauchbare verlässt über den After unseren Körper. Wenn, wie zuvor angesprochen, bei unserem Verdauungsprozess alles „rund" läuft und wir die aufgenommene Mahlzeit optimal verdauen können, dann haben wir keinerlei Beschwerden – und ein gutes Bauchgefühl. Wir fühlen uns energiegeladen, gestärkt und gut genährt. Leider aber fordert die heutige moderne Welt, geprägt von Zeitdruck, Dauerstress, Umweltgiften, Medikamenten, Antibiotika, stark verarbeiteten Nahrungsmitteln u. v. m. ihren Tribut. Die Zahl der Menschen mit Verdauungsbeschwerden wie Durchfall, Verstopfung, starken Blähungen, Bauchschmerzen, Lebensmittelunverträglichkeiten, Allergien, Reizdarm, chronisch entzündlichen Darmerkrankungen, Depressionen und Burn-Out nimmt Jahr für Jahr zu.

Ist es möglich, dass unser Bakterien-Universum im Darm unsere Wohlfühl-Versicherung ist? Dass Darmbakterien womöglich eine ganz wesentliche Rolle für einen glücklichen Lebensverlauf spielen? Sollten wir also der Unterstützung dieser winzigen Untermieter unsere ungeteilte Aufmerksamkeit widmen?

Da ich eine leidenschaftliche Bakterienfreundin bin, ist die Antwort an dieser Stelle für mich eindeutig ein überzeugtes und klares „JA"! Warum ich so überzeugt davon bin, dass unser Wohlbefinden, unsere Widerstandskraft und unsere körperliche und geistige Leistungsfähigkeit von der Beschaffenheit unseres Mikrobioms abhängig sind, werde ich Ihnen im Verlauf dieses Buches näherbringen.

Die Darmbarriere

Schutzschild zur Außenwelt

Sehr vereinfacht, besteht unsere Darmwand aus drei Schichten: einer äußeren glatten Hülle (Serosa), einer Muskelschicht und der Darmschleimhaut (Darmepithel), welche den Darm innen auskleidet.
Es ist kaum zu glauben, dass unser Darmepithel aus nur einer Zellschicht besteht. So dünn und doch so stark, wenn es darum geht, Angreifern wie Bakterien, Viren, Pilzen oder schädlichen Substanzen aus der Umwelt etc. das Eindringen in unser Körperinneres zu verwehren. So wohlwollend und durchlässig, wenn es darum geht, wichtige Nähr- und Vitalstoffe für unsere Gesundheit und Leistungsfähigkeit passieren zu lassen. Verantwortlich dafür sind die zwischen den einzelnen Darmschleimhautzellen befindlichen Verbindungsproteine, die sogenannten „Tight Junctions“ (enge Verbindungen). Als Schutz vor schädlichen Substanzen produzieren die Becherzellen unseres Darmepithels Schleim (Muzin), welcher verhindert, dass Krankheitserreger andocken können.

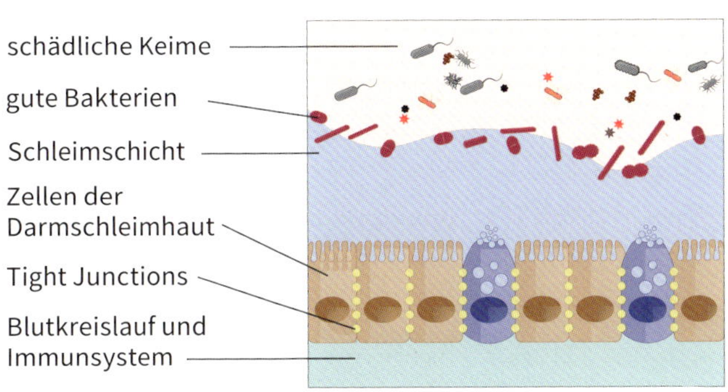

Eine intakte Darmbarriere lässt Keimen keine Chance und Giftstoffe gelangen nicht in den Blutkreislauf.

01

80 Prozent der gesamten Abwehrzellen unseres Immunsystems befinden sich an der Darmschleimhaut. Sie stellen eine weitere Schutzfunktion dar, indem sie für uns bedrohliche Erreger und Schadstoffe neutralisieren. Last, but not least ist die gesamte Darmschleimhaut von Bakterien besiedelt. Diese tummeln sich im Schleim und fühlen sich besonders wohl, wenn davon ausreichend vorhanden ist. Die „guten" Darmbakterien nehmen ebenso den Kampf gegen krankmachende Keime auf, hindern sie daran, an der Darmschleimhaut anzudocken und produzieren antibakterielle und antivirale Substanzen, um uns und ihren Wohnort zu schützen. Davon profitiert auch unser darmeigenes (darmassoziiertes) Immunsystem. Als wäre all das nicht schon genug, produzieren diese mikroskopisch kleinen Helfer auch wertvolle Nährstoffe, und zwar kurzkettige Fettsäuren wie Butyrat (Buttersäure), Acetat (Essigsäure) und Propionat (Propionsäure) für unsere Darmschleimhautzellen. So nebenbei stellen sie auch noch Vitamin K und Vitamine der B-Gruppe her.

Bakterien-Stoffwechselprodukte mit Mehrwert

Damit wir, wie anfangs beschrieben, über eine hohe Diversität, also Artenvielfalt von Bakterien in unserem Darm verfügen, müssen wir diesem ausreichend und vor allem das richtige Futter zukommen lassen. Die bevorzugte Nahrung von Darmbakterien sind Ballaststoffe (Präbiotika). Diese stellen allerdings wahrlich keinen Ballast dar, sondern zählen zu den für uns mitunter wertvollsten Nahrungsbestandteilen überhaupt. Ballaststoffe finden wir in Gemüse, Obst, Salat, Hülsenfrüchten, Nüssen, Samen, Kernen und in Getreide. Ballaststoffe können von unserem Magen und Dünndarm nicht aufgeschlossen und damit auch nicht in unseren Blutkreislauf aufgenommen werden. Dies bedeutet, dass Ballaststoffe unverdaut in den Dickdarm gelangen, wo die für uns gesunderhaltenden Bakterien schon auf ihre wohlverdiente Mahlzeit warten. Hier trennt sich die Spreu vom Weizen: Wir unterscheiden lösliche von unlöslichen Ballaststoffen. Unlösliche Ballaststoffe wie Cellulose oder Lignin, welche bevorzugt in Getreide und Hülsenfrüchten enthalten sind, dienen zwar nicht als Bakterienfutter, dafür aber vergrößern sie den Stuhlinhalt, damit unser Darm in Bewegung kommt und der im Darm befindliche Speisebrei zügig zum Ausgang befördert werden kann. Man darf auch gut und gerne behaupten, dass sie unseren Darm durchfegen – und so sauber halten. Unlösliche Ballaststoffe bleiben von unseren Darmbakterien jedoch weitestgehend unangetastet. Dass für diese unentbehrliche Futter sind lösliche Ballaststoffe wie Pektin, Inulin, Oligofructose aus Obst und Gemüse. Aber auch Beta-Glucane, zum Beispiel aus Hafer, gehören dazu. Wenn die Ballaststoffe mit Flüssigkeit in Kontakt kommen, haben sie die Eigenschaft, zu quellen, was – ausgehend von unserem Magen – dazu führt, dass erste Sättigungssignale in unserem Gehirn aktiviert werden. So können uns diese Ballaststoffe beispielsweise dabei helfen, unser Gewicht zu halten oder uns bei der Gewichtsreduktion zu unterstützen, da wir weniger essen und schneller satt werden. Unsere Bakterien im Darm verfügen über einen eigenen Stoffwechsel: Wenn sie Nahrung zu sich nehmen, dann entstehen dabei wertvolle Stoffwechselendprodukte. Die genannten kurzkettigen Fettsäuren Butyrat, Propionat und Acetat, stellen DIE Energiequelle für unsere Darmschleimhautzellen dar und sorgen so für eine stabile Darmbarriere. Die Voraussetzung ist eine regelmäßige und ausreichende Versorgung mit Ballastoffen. Besonders spannend dabei ist, dass Wissenschaftler festgestellt haben, dass die von den Bakterien gebildete Buttersäure vom Darm aus über unser Blutgefäßsystem bis ins Gehirn gelangt und dort die gehirneigene Immunabwehr, die sogenannte Mikroglia, aktiviert und nährt.

So wird unser Gehirn vor Proteinablagerungen geschützt – ein wichtiger Aspekt bei der Entstehung beziehungsweise Vorbeugung von Depressionen und Gedächtnisstörungen bis hin zu Alzheimer und Demenz. Aber auch die von unseren Darmbakterien gebildete Propionsäure erfüllt wichtige Aufgaben in unserem Stoffwechsel. Laut Wissenschaft hat sie positiven Einfluss auf unsere Sättigungshormone. Verfügen wir über viele Propionat-Bildner und somit über ausreichend Propionsäure, sind wir weniger heißhungrig und treffen bei unserer

Essensauswahl bewusstere und entspanntere Entscheidungen. Wenn wir das „Richtige“ essen, bleibt unser Blutzuckerspiegel stabil und wir profitieren von mehr Energie sowie Leistungsfähigkeit und freuen uns darüber, dass es uns leicht fällt, unser Wohlfühlgewicht zu halten. Wie wir mit der „richtigen“ Ernährung unsere Darmbakterien bei Laune halten, vermehren und unseren gesamten Stoffwechsel aktivieren? Darauf werde ich im Kapitel „Tipps & Tricks für einen glücklichen und gesunden Darm“ noch genauer eingehen.
Die Dritte im Bunde der kurzkettigen Fettsäuren ist Acetat mit einem Stammplatz in unserer Küche in Form von Essigsäure. Auch sie gelangt über den Blutkreislauf bis in unser Gehirn und beeinflusst dort die Ausschüttung zweier Botenstoffe. Dabei handelt es sich einerseits um Ghrelin, ein appetitanregendes Hormon, und um Insulin, das einzige blutzuckersenkende Hormon in unserem Körper. Sie sehen schon: ein Feintuning der Extraklasse! Möglich machen es die glücksbringenden Darmbakterien, unter anderem Akkermansia muciniphila und Faecalibakterium prausnitzii genannt - komplexe Namen, die man sich mehrmals aufschreiben muss, bevor sie unser Gehirn abspeichert, dafür jedoch ein Leben lang, wenn man verstanden hat, wie wichtig sie sind. Also bitte merken! Sie stehen ganz vorne, was die Wichtigkeit für unsere Darmgesundheit anbelangt. Sie und viele andere ihrer „Kollegen“ stärken unsere Darmbarriere – und so auch unser Schutzschild zur Außenwelt. Wir können eine gesunde Darmschleimhaut, ausreichend Schleim und Billionen von Bakterien verschiedenster Art als Lebensversicherung betrachten. Leider nimmt unsere moderne Welt keine Rücksicht auf unsere Mikroben. Leider hat sich unser Lebensstil von einer artgerechten Lebensart weit entfernt. Ein Leben im Einklang mit der Natur findet schon lange nicht mehr statt. Diverse Einflussfaktoren setzen uns ordentlich zu und wirken sich massiv auf unsere bakteriellen Mitbewohner und nicht zuletzt auf viele unserer Stoffwechselvorgänge aus. Sehen wir uns die größten Störenfriede in unserem Leben gemeinsam an…

Darmgesundheit aus dem Lot

Wie Stress unser Mikrobiom verändert

Unser Darm ist die größte Verbindungsstelle zwischen Außen- und Innenwelt. Alles, was wir über den Mund aufnehmen, durchläuft unseren gesamten Verdauungstrakt und muss auf Unbedenklichkeit geprüft, zerkleinert, aufgenommen oder ausgeschieden werden. Wenn wir essen und trinken, gehen wir davon aus, dass wir Nährstoffe wie Eiweiße, Fette, Kohlenhydrate, Vitalstoffe (Vitamine, Mineralstoffe, Spurenelemente und sekundäre Pflanzenstoffe) und Flüssigkeit aufnehmen, um unseren Körper zu nähren, mit Energie zu versorgen und zu hydrieren. Dass wir mit jedem Apfel, den wir essen, mit jeder Topfengolatsche, die wir zu uns nehmen und mit jedem Schluck Leitungswasser oder Softdrink mitunter chemische Substanzen wie Pestizide und unter Umständen sogar Schwermetalle und Mikroplastik aufnehmen, ist uns selten bewusst. Unser Darm hat daher nicht nur die Aufgabe, dafür zu sorgen, dass wir über ausreichend Energie verfügen und dass unsere Körperzellen gut versorgt sind. Unser Darm hat auch eine sehr wertvolle Entgiftungsfunktion.

Um dieser Aufgabe gerecht zu werden, benötigen wir einen gesunden Darm. Dass die häufige Einnahme von Antibiotika sich schädlich auf unsere Darmgesundheit auswirkt, ist uns jetzt hoffentlich bewusst. Aber leider sind Antibiotika nicht die einzigen Störenfriede, mit denen wir uns auseinandersetzen sollten. Sie haben bereits gelesen, dass Stress in der heutigen modernen, schnellen und hektischen Welt unsere Gesundheit massiv gefährdet. Ich spreche hier sicher nicht von positivem Stress. Der kann uns nichts anhaben. Positiver Stress ist in der Regel begleitet von einer starken positiven Motivation und Glücksgefühlen. Er nützt uns, wenn wir zum Beispiel ein Vorhaben in einem vordefinierten Zeitrahmen bewerkstelligen wollen. Danach folgt eine kurze oder längere Erholungsphase, die es uns erlaubt, unsere Batterien wieder aufzuladen und, wenn wir auf unsere winzigen Mitbewohner, die gesunden Darmbakterien schauen, dass diese sich wieder in Ruhe vervielfältigen können.

Nein, von dieser Art Stress spreche ich nicht. Unser Wohlbefinden und unsere Darmgesundheit stehen auf dem Spiel, wenn negativer Stress über einen längeren Zeitraum unseren Alltag bestimmt. Hat die Natur es vorgesehen, dass uns der Wecker im Dunkeln, während wir gerade im erholsamen Tiefschlaf sind, aus dem Bett klingelt? Dass wir bereits eine Stunde später Richtung Arbeitsplatz im Auto sitzen, vielleicht auch noch im Stau stehen? Dass wir im Büro bei künstlicher Beleuchtung vor einem flimmernden Gerät namens Computer sitzen? Ist es von der Natur vorgesehen, dass wir mittags gerade einmal 30 Minuten Zeit haben, um uns ein belegtes Brötchen vom Bäcker zu holen? Das ist erst die erste Tageshälfte. Wie es dann weitergeht, können Sie gerne in Gedanken vervollständigen. Traumatische Erlebnisse, Probleme in der Familie, die Verantwortung als alleinerziehende Mutter oder alleinerziehender Vater für Kinder, die Zuständigkeit für die Pflege eines hilfebedürftigen Menschen oder chronischer Schlafmangel zählen genauso zu negativem Stress – und führen nicht selten direkt ins Burn-out. Worauf ich hinauswill? Ich möchte Ihr Bewusstsein schärfen, dass unsere heutige Lebensweise weder artgerecht noch naturgewollt und schon gar nicht vereinbar mit jenen Lebensbedingungen ist, die unsere bakteriellen

Mitbewohner vorfinden wollen, um uns bestmöglich gesundheitlich unterstützen zu können. Warum ist das so? Von der Natur aus sind wir genetisch so geprägt und ausgerüstet, dass wir für kurze Stresssituationen gewappnet sind. Sie kennen es: Flucht oder Kampf? In Frühzeiten der menschlichen Evolution, war es notwendig, dass wir den Säbelzahntiger entweder besiegen oder schnell vor ihm weglaufen. Wir hätten diesen entweder gemeinsam mit unserer Familie genüsslich verspeist oder wir hätten es geschafft, auf den nächstgelegenen Baum zu klettern oder uns in unserer Höhle zu verstecken. In beiden Fällen wäre auf eine überschaubare Stresssituation eine mehr oder weniger lange Erholungsphase gefolgt. Richten wir noch einmal den Blick auf unsere moderne Lebensweise und den für viele Menschen leider ganz „normalen" aber fordernden Alltag.

Der Haussegen hängt schief, und im Büro müssen wir uns von unserem Chef massive Kritik anhören. Wir werden uns hoffentlich nicht auf ihn stürzen. Genauso wenig werden wir davonlaufen und schon gar nicht werden wir uns verstecken. Was werden wir tun? Die meisten von uns werden die Kritik über sich ergehen lassen, ein wenig kontern und sich rechtfertigen. Tatsächlich bleiben wir den ganzen Tag im Büro sitzen. Der ein oder andere von uns wird sich möglicherweise den ganzen Tag ärgern. Unser Gehirn wird auf Hochtouren laufen, um Lösungen zu finden, wie wir den Anforderungen, die an uns gestellt werden, gerecht werden können. Was ich gerade beschrieben habe, ist eine klassische Dauerstress-Situation, wie sie bei vielen von uns zur Normalität geworden ist.
Aber was passiert hier in unserem Körper und mit unserem sensiblen Darmökosystem?

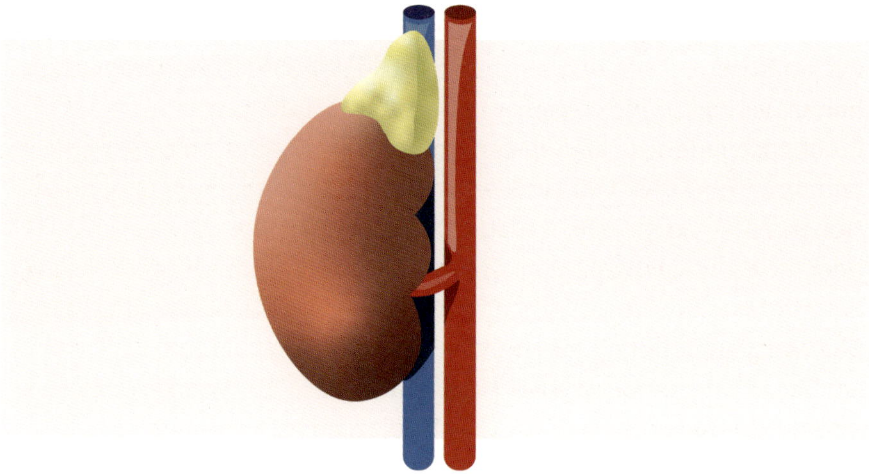

Unsere Nebennieren produzieren Stresshormone für herausfordernde Situationen.

Nebennieren – Produktionsstätte unserer Stresshormone

Dass wir zwei Nieren haben und diese unter anderem für unseren Wasserhaushalt zuständig sind, ist uns bekannt. Die Funktion der Nebennieren ist schon weniger geläufig.
Die Nebennieren sind walnussgroße Hormondrüsen und sitzen auf unseren Nieren oben auf. Eine ihrer Aufgaben ist es, Stresshormone zu produzieren, welche uns für körperlich und geistig herausfordernde Situationen wappnen. Dazu gehören Adrenalin, Noradrenalin und Cortisol. Diese Botenstoffe sind eine phänomenale Einrichtung von Mutter Natur, die uns in die Lage versetzt, kurze – die Betonung liegt auf kurze - Stresssituationen ohne Kollateralschäden zu bewerkstelligen. Mit Hilfe dieser Stresshormone wird in unserem Körper Energie in Form von Glucose aus unseren Depots mobilisiert, der Blutdruck und damit die Blutversorgung unserer Muskulatur, unseres Herzens und unseres Gehirns werden gesteigert. Wir atmen schneller, damit vermehrt Sauerstoff in die Zellen geschafft wird; die Verdauung wird gedrosselt. Wie schon erwähnt, war es uns, derart vorbereitet, früher einmal möglich,

dem Säbelzahntiger entweder zu entkommen oder ihn zu erlegen. Da wir genetisch bis heute noch gleich wie in der Steinzeit geprägt sind, haben wir uns an die moderne Lebensweise noch nicht angepasst. Nicht abschalten zu können und immer auf Hochtouren zu laufen, bedingt, dass wir ständig in Alarmbereitschaft sind, und dass unsere Nebennieren dauerhaft Stresshormone ausschütten. Das geschieht aber nicht ohne Folgen. Denn Stresshormone müssen über die Leber entgiftet werden. Ein ständiges Zuviel an Stresshormonen in unserem Blutkreislauf bedingt, dass unsere Leber im Dauer-Entgiftungsmodus ist. Dabei hat sie sich noch nicht einmal um den Um- beziehungsweise Abbau von Umweltgiften, Alkohol, Medikamenten oder um körpereigene Stoffwechselabbauprodukte gekümmert. Wenn wir nach einer langen Phase der Überforderung nicht gut auf uns aufpassen, kann es leider sein, dass wir an einer Nebennierenschwäche erkranken. Es bedeutet, dass wir nicht mehr in der Lage sind, angemessen auf Stresssituationen zu reagieren. Wir sind überfordert und nicht mehr belastbar. Das kann so weit gehen, dass wir in ein Burn-out geraten. Symptome wie Müdigkeit, Stimmungsschwankungen, starkes Schwitzen, Konzentrationsstörungen, Gewichtszunahme, Kraftlosigkeit und Heißhunger auf süße oder fettige Nahrungsmittel, um nur einige zu nennen, gehören dann zum gelebten Alltag. Unser seelisches und körperliches Gleichgewicht gerät aus den Fugen. Warum dieser Exkurs zum Thema Nebennierenschwäche? Da ich durch meine Beratungstätigkeit täglich mit Menschen und deren Gesundheitsproblemen in Kontakt komme, ist mir aufgefallen, dass die Diagnose Nebennierenschwäche oder Nebenniereninsuffizienz selten gestellt wird. Dadurch wird den betroffenen Menschen auch nicht mit einer für sie passenden Behandlung geholfen. Falls Sie sich angesprochen fühlen, reden Sie mit Ihrem Arzt über die Möglichkeit einer Nebennierenschwäche. Auch unser sensibles Darmökosystem bleibt dabei nicht verschont. Während dauerhafter Belastungssituationen kommt es in unseren Verdauungsorganen zu einer Minderdurchblutung – mit der Folge, dass wertvolle Darmbakterien absterben und sich krankmachende Keime hingegen vermehren können. Nicht wahrnehmbare stille Entzündungen oder, wie Mediziner sie nennen, „Silent Inflammation" – zunächst im Darm und später systemisch im ganzen Körper – bestimmen dann unseren Alltag. Leider ist Stress nur einer von mehreren Faktoren, die unsere Darmgesundheit bedrohen und unsere körperliche Widerstandskraft beeinträchtigen.

Antibiotika – ANTI = gegen, BIOS = das Leben

Umdenken ist erforderlich - wie Antibiotika Resistenzen fördern

Woran denken Sie, wenn Sie das Wort Bakterien hören? An Krankheit, Infektion, Lungenentzündung, Mittelohrentzündung, Blutvergiftung, vielleicht sogar an die Beulenpest? Denken Sie daran, dass Sie Bakterien bekämpfen müssen, damit Sie sich nicht infizieren und krank werden? Wenn dem so ist, dann befinden Sie sich in „guter" Gesellschaft. Tatsächlich denken die meisten Menschen, dass Bakterien ausschließlich gefährlich sind und abgetötet werden müssen. Woher kommt diese Einschätzung, die so fest in unseren Köpfen verankert ist und sich trotz der modernen Mikrobiomforschung hartnäckig hält?

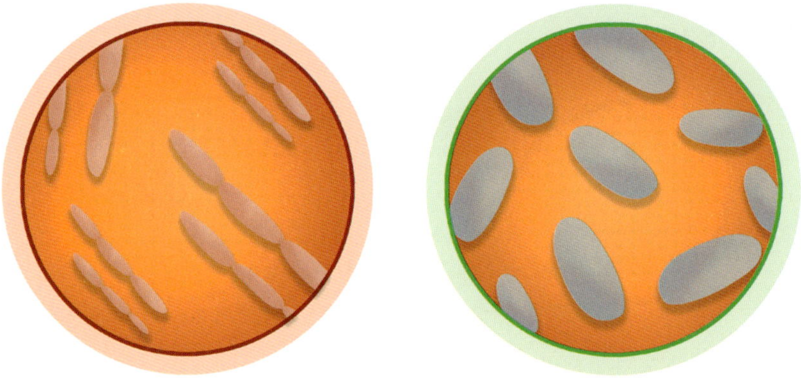

Der Einsatz von Antibiotika kann zu einer Reduktion der Artenvielfalt von nützlichen Bakterien führen.

Begleiten Sie mich kurz in das Jahr 1928 zur Entdeckung des Antibiotikums Penicillin - eines Schimmelpilzes - durch den Bakteriologen Alexander Fleming. Erst 1941 wurde Penicillin beim Menschen angewendet. Von da an waren der Siegeszug und die Erforschung weiterer Antibiotika nicht mehr aufzuhalten. Für die Medizin war dies zweifellos eine der wichtigsten Entdeckungen. Denn ab diesem Zeitpunkt war es möglich, durch pathogene, also durch krankmachende Bakterien verursachte Infektionen und damit verbundene Erkrankungen zu behandeln. Was in diesem Zuge auch begann, war unsere feste Überzeugung, dass alle Bakterien schädlich sind und unbedingt bekämpft werden müssen. Was jedoch lange Zeit im Dunkeln blieb, waren die nützlichen Gegenspieler der krankmachenden Bakterien. Dass durch die Gabe von Antibiotika neben den krankmachenden Keimen auch gesundheitsfördernde Bakterien abgetötet wurden, war bekannt. Die Nebenwirkungen wurden jedoch lange Zeit nicht realistisch eingeschätzt. Aus diesem Grund wurden – und werden auch heute noch – sehr oft Antibiotika verschrieben. Der häufige Einsatz von Antibiotika ist nicht nur bei Erwachsenen, sondern vor allem bei Kindern zu beobachten – und problematisch. Spätestens wenn Kinder in den Kindergarten kommen, werden sie mit den verschiedensten Krankheitserregern konfrontiert. Mit Infektionen der oberen Atemwege, mit Halsschmerzen, laufender Nase, Husten und/oder Ohrenschmerzen werden sie beim Kinderarzt vorstellig. Für den Arzt ist es nicht einfach, festzustellen, ob es sich um einen viralen oder aber um einen bakteriellen Infekt handelt. Die Unterscheidung ist wichtig, denn nur bei einer bakteriellen Infektion macht die Gabe von Antibiotika Sinn. Die zur Verfügung stehende Behandlungszeit ist stark begrenzt, das Wartezimmer voll und das Risiko, dass die Erkrankung einen komplizierten Verlauf nimmt, möchte der Arzt verständlicherweise nicht auf sich nehmen. Um auf Nummer sicher zu gehen, verschreibt er Antibiotika. So kann es sein, dass Kinder im Alter von sechs Jahren schon drei bis fünf Mal Antibiotika bekommen haben. Wenn wir uns vor Augen halten, dass wir vom ersten Tag unserer Geburt bis spätestens zu unserem dritten Lebensjahr unsere ganz individuelle, natürliche Bakterienbesiedelung erfahren und

unseren individuellen Mikrobiom-Fingerabdruck ausbilden, können Sie erahnen, dass eine mehrmalige Antibiotikagabe und das damit verbundene Abtöten von für uns freundlichen und körpereigenen Bakterien nicht ohne Folgen bleiben. Denn nicht immer regeneriert sich unsere Mikrobiota nach einer Antibiose (Antibiotikatherapie) vollständig.
Es ist wissenschaftlich nachgewiesen, dass dadurch darmeigene, für unseren individuellen Mikrobiom-Fingerabdruck spezifische Bakterien für immer aus unserem Darm verschwinden. Dies führt langfristig zu einer Veränderung unseres sensiblen Darmökosystems und kann unter anderem das Risiko für chronisch entzündliche Darmerkrankung wie Morbus Crohn oder Colitis ulcerosa erhöhen. Leider hat es sich noch nicht überall herumgesprochen, dass wir den Nebenwirkungen von Antibiotika nicht schutzlos ausgeliefert sind. Die gleichzeitige Einnahme eines medizinisch relevanten Probiotikums während einer Antibiose kann uns vor einem „Kahlschlag“ im Darm und vor den beschriebenen Kollateralschäden schützen.

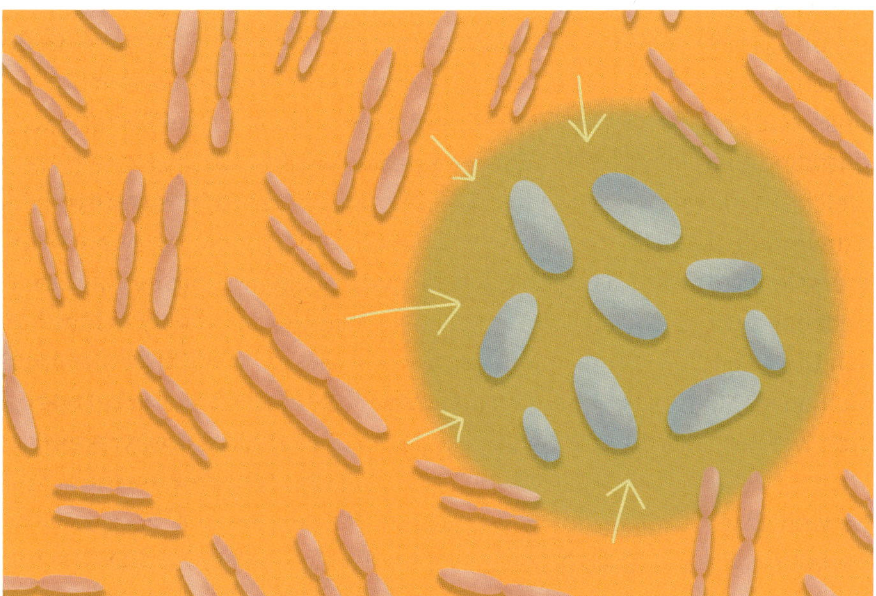

Gute Darmbakterien schützen vor pathogenen Keimen

Symbiose<-> Dysiose

Wenn das Bakteriengleichgewicht aus den Fugen gerät.

Auch wenn wir noch so viele pathogene Keime abtöten, so gehört unser Darm zu ihrem natürlichen Habitat. Es ist naturgewollt, dass pathogene Keime unseren Darm besiedeln – und dort bleiben. Das bedeutet, dass nach einer Antibiotikatherapie immer noch krankmachende Bakterien - wenn auch zu diesem Zeitpunkt in einer geringeren Anzahl - in unserem Darm überlebt haben.
Da ihre Kontrahenten nun ebenfalls dezimiert wurden und sie daher nur eine eingeschränkte Gegenwehr erfahren, können sich bestimmte pathogene Keime vermehren.
Bakterien wie Pneumokokken, die zum Beispiel eine Mittelohrentzündung ausgelöst haben, wurden durch die Antibiose vernichtet. Der Infekt ist überstanden, wir fühlen uns wieder gesund. Gott sei Dank, denn wer schon einmal eine Mittelohrentzündung hatte, der kennt auch die Schmerzen, die damit einhergehen. Aber wie heißt es so schön? „Jede Medaille hat zwei Seiten.“ Und so bekommen wir Menschen nach solch einer Antibiotikatherapie nicht selten Durchfall. In unserem Darm ist eine DYSBIOSE, ein Ungleichgewicht an Bakterien, entstanden. Kolibakterien, die wohl bekanntesten Durchfallerreger, welche in unserem Darm in einer Minderheit grundsätzlich keine Beschwerden auslösen, haben die Chance ergriffen, sich zu vermehren. Wenn keine Komplikationen auftreten, ist der Durchfall nach zwei bis acht Tagen vorbei. Wenn wir davon ausgehen, dass wir unter artgerechten Umständen leben – dies hatte ich anfangs schon erwähnt –, wird sich unser Mikrobiom wieder regenerieren. Nach einigen Monaten stellt sich wieder ein gesundes Bakteriengleichgewicht, eine SYMBIOSE, ein.

So weit so gut. Was passiert aber, wenn wir aufgrund dieses Durchfalls ein weiteres Antibiotikum verschrieben bekommen und es einnehmen? Ein weiterer Kahlschlag in unserem sensiblen Darmökosystem und eine Veränderung unserer Bakterienzusammensetzung im ganzen Körper sind die Folgen. Für mich ist das vergleichbar mit einem Erdbeben.

01

Glauben Sie jetzt noch immer, dass es ohne Folgen bleibt, wenn wir wiederholt in ein von der Natur so perfekt gesteuertes Gleichgewicht eingreifen? Da ich in der Beratung tätig bin und diese bevorzugt im Einzelgespräch mit interessierten und betroffenen Kunden in Apotheken durchführe, kann ich einige Geschichten davon erzählen, was passiert, wenn man auf Biegen und Brechen Bakterien abtöten möchte und keine Alternativlösung anbietet.

Es ist die Geschichte – oder sagen wir lieber der Krimi – einer meiner Kundinnen, die sich auf einer Reise mit Keimen infizierte. Mit einem nicht ausgeheilten Reisedurchfall kehrte sie nach Österreich zurück und suchte so rasch wie möglich ihren Hausarzt auf. Es folgte eine Antibiotikatherapie nach der anderen, ohne Erfolg. Der Durchfall blieb in abgeschwächter Form. Hinzu kamen häufige Infekte, Migräne und wandernde Schmerzen im ganzen Körper. Aufgrund des Entzündungsgeschehens im Darm verabreichte man ihr Immunsuppressiva. Unter dieser Therapie wuchsen zwei faustgroße Geschwüre, welche operativ entfernt werden mussten. Danach hatte sie anstatt mit Durchfall mit Verstopfung zu kämpfen. Die anderen genannten Beschwerden blieben bestehen.

Meine Kundin stand als Krankenschwester beruflich wie privat unter Dauerstress. Für eine Genesung war dies nicht förderlich. Trotzdem haben wir es mit Hilfe einer Darmsanierung wieder zu einer geregelten Verdauung geschafft. Dem Dauerstress wollte sie mit einer beruflichen Auszeit begegnen, um ihren Lebensstil zu überdenken und sich gegebenenfalls neu auszurichten. Erzählt habe ich Ihnen diese Geschichte, um Ihr Bewusstsein zu schärfen, dass Antibiotika nicht immer die einzig wahre Lösung sind und weitere gravierende Nebenwirkungen, wie ich sie gleich noch eingehender beschreiben werde, nicht unterschätzt werden sollten.

Bakterien sind kleinste Mikroorganismen. Sie verfügen zwar über kein Gehirn, sind allerdings auch nicht dumm. Sie haben, so wie wir

Menschen auch, einen starken Überlebenswillen, wollen sich durchsetzen und weiterentwickeln.
Die Hartnäckigsten unter ihnen geben nicht kampflos auf, sondern wehren sich. Sie eignen sich Abwehrstrategien an, um dem nächsten Antibiotika-Angriff die kalte Schulter zu zeigen. Sie werden resistent: Eine Antibiotikatherapie bleibt wirkungslos und der menschliche Organismus muss eine Infektion mit Hilfe seines Immunsystems alleine bekämpfen. Abgesehen von den unangenehmen Krankheitssymptomen, wie unter anderem Schmerzen, Fieber oder Schwäche, ist es für einen vor der Erkrankung gesunden Menschen kein Problem, sich zur Wehr zu setzen und zu gesunden. Anders sieht es bei älteren Menschen und jenen mit Vorerkrankungen und einem geschwächten Immunsystem aus. Für sie kann eine derartige Infektion tödlich ausgehen.
Ein Bakterium, das bekannt für seine Hartnäckigkeit und seinen Überlebenswillen ist, ist Clostridium difficile (Clostridioides difficile) aus der Familie der Clostridiaceae. Grundsätzlich zählen Clostridien in geringer Anzahl zu den stillen Untermietern in unserem Darm und verursachen keinerlei Probleme. Da in Krankenhäusern sehr häufig Antibiotika verabreicht und ständig Desinfektionsmittel verwendet werden, ist es nicht verwunderlich, dass wir genau dort ein erhöhtes Risiko haben, uns mit Clostridium difficile zu infizieren. Das als Krankenhauskeim bezeichnete Bakterium bekommt durch eine Antibiotikatherapie und die Vernichtung seiner Gegenspieler einen Freifahrtschein für seine Vermehrung. Es produziert bestimmte Schadstoffe (Toxine) und ist in der Lage, unsere Darmwand zu schädigen. Im schlimmsten Fall können durch einen löchrigen Dickdarm Stuhlreste ins Körperinnere gelangen und zu einer Blutvergiftung führen. Leider weiß ich, wovon ich spreche. Meine Mutter musste im Jahr 2000, also vor 23 Jahren – sie war zu diesem Zeitpunkt 60 Jahre alt und Typ-2-Diabetikerin –, wegen eines operativen Eingriffs ins Krankenhaus. Ich wohnte in Köln und meine Mutter in Wien. Einige Tage nach dem Eingriff bekam ich einen Anruf vom Krankenhaus mit den Worten: „Frau Polster, wir müssen Ihnen leider mitteilen, dass sich Ihre Mutter während der Operation mit einem Keim infiziert hat. Dieser Keim spricht auf kein Antibiotikum, das wir

Ihrer Mutter gegeben haben, an. Wir werden alles Menschenmögliche tun, um Ihrer Mutter mit den uns zur Verfügung stehenden Mitteln zu helfen." Da als Komplikation eine Blutvergiftung eintrat, musste meine Mutter in den Tiefschlaf versetzt werden. Aufgrund ihrer Diabeteserkrankung und geschwächten Stoffwechsellage hatte sie keine Chance gegen den Keim und die Folgen der hohen Toxinbelastung. Trotz aller Anstrengungen der Ärzte verstarb meine Mutter im Krankenhaus. Damals war ich komplett unwissend und machtlos. Heute weiß ich, dass meine Mutter eine schwere Infektion mit Clostridium difficile hatte, der sie zum Opfer fiel. 23 Jahre später und mit dem heutigen Wissen der Mikrobiomforschung hätte ich meiner Mutter noch vor ihrem Eingriff die Einnahme eines medizinisch relevanten Probiotikums empfohlen, um ihren doch geschwächten Organismus zu unterstützen.

Die Uhr lässt sich leider nicht mehr zurückdrehen. Der aktuelle Wissensstand sollte jedoch genützt werden, um so viele Menschen wie möglich aufzuklären und vor den Nebenwirkungen einer Antibiotikatherapie zu schützen. Denn laut Weltgesundheitsorganisation sterben alleine in Europa jährlich mehr als 30.000 Menschen aufgrund von antibiotikaresistenten Keimen. Der kritische und bewusste Umgang mit Antibiotika ist daher von essenzieller Bedeutung. Meiner Meinung ist ein rasches Umdenken erforderlich: weg von der Annahme, dass alle Bakterien abgetötet werden müssen, hin zur Überlegung, wie im Körper ein Gleichgewicht, eine SYMBIOSE, hergestellt und die Anzahl an gesundheitsfördernden Bakterien erhöht werden können. Da wir im Begriff sind, unsere Artenvielfalt zu verlieren, sehe ich diese Entwicklung als fast noch problematischer an als die Bedrohung durch antibiotikaresistente Keime. Wie Sie sicher auch schon festgestellt haben, gibt es im Leben immer zwei Seiten: eine gute und eine schlechte. Wichtig ist, wohin wir unseren Blick richten. Lassen Sie uns unsere Sinne schärfen: für den Schutz, die Erhaltung und Vermehrung unserer Superhelden im Darm. So stärken wir unsere Widerstandskraft gegenüber uns nicht wohlgesonnenen Eindringlingen.

Was Sie selbst tun können, um Ihr individuelles Ökosystem und Bakteriengleichgewicht zu erhalten oder wieder herzustellen, werde ich später noch beschreiben.

Bewusstsein und Selbstfürsorge für unser Wohlbefinden und unsere Gesundheit müssen an Wichtigkeit zunehmen. Eine artgerechte, anti-entzündliche und an den individuellen Stoffwechsel angepasste Ernährung spielt in diesem Sinne eine ebenso wichtige Rolle und verdient unsere ungeteilte Aufmerksamkeit. Denn unter anderem ist die Auswahl der Lebensmittel in unserer modernen, industrialisierten Welt ein wichtiger Aspekt, den wir selbst beeinflussen können. Denn auch wenn wir bisher kein Antibiotikum aufgrund einer Erkrankung eingenommen haben, nehmen wir Spuren von Antibiotikarückständen über den Konsum von Fleisch aus Massentierhaltung auf. Und selbst wenn wir uns rein pflanzlich ernähren, sind wir nicht davor geschützt, bakterienabtötende Substanzen zu uns zu nehmen. Obgleich biologisch angebautes Obst, Gemüse und Kräuter nicht vollkommen frei von chemischen Substanzen sind, so nehmen wir damit auf jeden Fall weniger Schadstoffe auf als durch den Konsum von konventionell angebauten Nahrungsmitteln. Das bedeutet also, wir können mit der Auswahl unserer Lebensmittel entscheiden, ob wir weniger Chemie und damit weniger bakterienabtötende Substanzen aufnehmen. Wir können selbst entscheiden, ob wir selten Fleisch aber dafür Fleisch von artgerecht gehaltenen und gefütterten Tieren essen oder nicht.

Unser Bakterien-Universum im Darm aber auch im gesamten Körper wird es uns danken – mit einer Vermehrung und einer Artenvielfalt von Bakterien, die vergleichbar mit einem wunderschönen, bunten Blumengarten ist.

An dieser Stelle möchte ich noch einmal klarstellen, dass ich keine Antibiotikagegnerin bin. Für mich steht außer Frage, dass uns Antibiotika bei einer bedrohlichen Infektion das Leben retten können. Somit ist ihr Einsatz absolut berechtigt. Das ist die gute Seite. Die weniger gute Seite ist die Auswirkung auf unseren Darm mit der Förderung einer Dysbiose. Wenn ich an einem verregneten Sonntagnachmittag genüsslich meine geliebte Bananenschnitte zum Kaffee verspeise, hat dies auch seine Berechtigung: Meine Bananenschnitte macht mich glücklich. Die weniger gute Seite meiner Bananenschnitte ist ihr hoher Kaloriengehalt.

Diese Kalorien wandern ohne Wenn und Aber in Richtung meines Bauches. Nur mit viel Kraftaufwand werde ich sie wieder los. Wie schon gesagt, hat im Leben nun einmal alles zwei Seiten. Lassen Sie uns den Blick daher in die richtige Richtung lenken.

In diesem Sinne wünsche ich mir für uns alle einen bewussteren und gut überlegten Einsatz von Antibiotika – sowohl von Ärzten als auch Landwirten. Die bekannten Nebenwirkungen einer Antibiotikatherapie dürfen nicht mehr länger ignoriert werden. Lösungen, wie zum Beispiel die Gabe von medizinisch relevanten Pro- und Synbiotika für jeden Menschen während einer Antibiotikatherapie, sollten zur Selbstverständlichkeit werden.

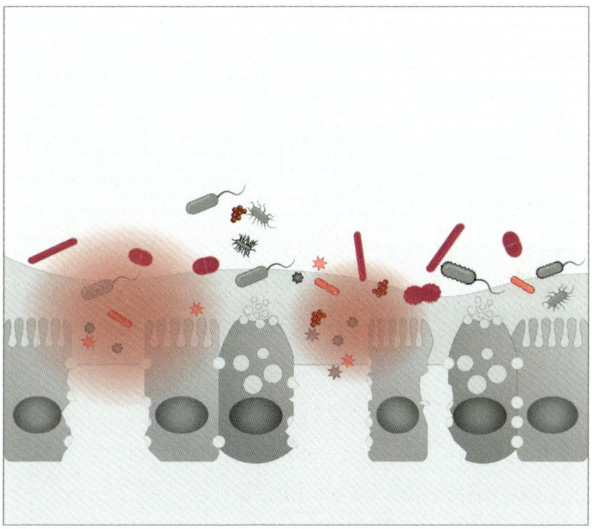

Ein durchlässiger Darm kann sich mit der richtigen Ernährung wieder erholen.

Leaky Gut

Der durchlässige Darm und die Auswirkungen auf unseren Organismus

Haben Sie schon einmal von einem löchrigen Darm gehört? Bei Wort „löchrig“ muss ich, ehrlich gesagt, an löchrige Socken denken. Deshalb bevorzuge ich die Bezeichnung des durchlässigen Darms. In der Medizin spricht man hier von einem „Leaky Gut“ und meint damit eine nicht intakte und somit nicht schützende Darmbarriere. Aber wovor soll uns unser Darm schützen? Ich habe schon einmal erwähnt, dass unser Darm – und damit die größte Schleimhautfläche in unserem

Körper – ein Verbindungsglied zwischen der Außenwelt und Innenwelt ist. Mit der Aufgabe, einerseits für unseren Organismus notwendige und wertvolle Substanzen in unser Körperinneres aufzunehmen und uns andererseits vor dem Eindringen schädlicher Substanzen zu schützen. Nur wie stellt unser Darm das an? Was braucht es für eine gesunde und starke Darmbarriere? Es sind drei intakte Schutzmechanismen, die unser Darm benötigt, um gesund und widerstandsfähig zu bleiben.

Mikrobiota „at its best"

Viele verschiedene Arten von Bakterien, wie Laktobazillen Bifidobakterien sowie Laktokokken, und eine hohe Anzahl davon sind das Um und Auf für eine intakte Darmbarriere. Verschiedene und ausreichend vorhandene Bakterienarten sind die Gesundheitsversicherung schlechthin, wenn es um die Verwertung von Nähr- und Vitalstoffen und natürlich die Elimination von schädlichen Substanzen geht. Die Tausendsassas darunter sind vor allem die Butyrat-bildenden Bakterien und das von ihnen produzierte Stoffwechselprodukt: die Buttersäure (Butyrat).
Ich habe sie schon einmal erwähnt. Ihre Namen lauten unter anderem Akkermansia muciniphila und Faecalibakterium prausnitzii. Von der Wissenschaft entdeckt und gut erforscht, kennt man ihre Eigenschaften und die wertvollen Dienste, die sie vor allem für die Darmschleimhaut und sogar für die Funktion unseres Gehirns leisten. Ein Mangel an Arten und eine zu geringe Anzahl dieser Bakterien stellt eine Schwächung der ersten Verteidigungsfront unserer Darmbarriere dar.

Mukus – Schutz und Futter zugleich

Unsere Darmschleimhaut ist von einer Schleimschicht überzogen, welche als Schutz der Darmschleimhautzellen fungiert und von denselben produziert wird. Dieser Schleim (Mukus) dient unseren Mikroorganismen als Lebensraum. Je frischer er ist, desto wohler fühlen sich unsere Darmbakterien darin. Damit frischer Schleim gebildet wird, muss „alter“ Schleim vorher gegessen werden. Hier kommen unsere schon bekannten Protagonisten ins Spiel. Akkermansia muciniphila und Faecalibakterium prausnitzii sind unter anderem jene Feinschmecker, die sich gerne vom Mukus ernähren. Dadurch, dass sie den Schleim futtern, regen sie die Darmschleimhautzellen an, neuen, frischen Schleim zu bilden. Da sie aber keine Kostverächter sind und ihr Hunger unstillbar ist, benötigen sie für ihre Vermehrung als zusätzliches Futter Ballaststoffe. Diese sollten wir über die Ernährung in ausreichender Menge zu uns nehmen. Wenn unsere Ernährung zu wenige Ballaststoffe enthält, verhungern die schleimverzehrenden Bakterien im wahrsten Sinne des Wortes. Dadurch wird zu wenig neuer Schleim gebildet, unsere zweite Verteidigungsfront nimmt ab und unsere Darmbarriere wird weiter geschwächt.

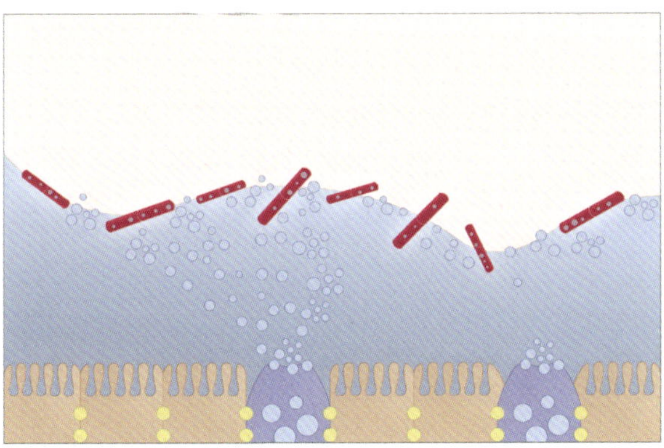

Der Mukus dient guten Bakterien als Lebensraum und schützt die Darmschleimhaut.

Darmschleimhaut – einzellig, dicht und bedingt durchlässig

Unsere Darmschleimhaut besteht, wie schon erwähnt, aus nur einer Zellschicht. Gemeinsam mit den sogenannten „Tight Junctions“ werden die einzelnen Zellen eng aneinandergebunden.

Diese Verbindungsproteine zwischen unseren Darmschleimhautzellen können sich öffnen, damit Nähr- und Vitalstoffe in unseren Organismus aufgenommen werden können. Sie halten aber absolut dicht, wenn es darauf ankommt, Schadstoffe, Pilze oder schlechte Bakterien abzuwehren. Sie können sich das als einen sehr cleveren Öffnungs- und Schließmechanismus vorstellen. Wieder benötigen wir für das reibungslose Funktionieren dieser Verbindungsproteine Butyrat. Buttersäure unterstützt, einfach ausgedrückt, beim Dichthalten. Den Gegenpart übernimmt ein Steuerungsprotein mit dem Namen Zonulin. Es regt die Tight Junctions an, sich zu öffnen. Entsteht – aus welchem Grund auch immer – ein Ungleichgewicht an gesundherhaltenden Bakterien in unserem Darm, und nehmen die Butyratbildner ab, fehlt der „Zellkitt“. Es wird vermehrt Zonulin gebildet und damit Tür und Tor in unser Körperinneres geöffnet. Die Darmschleimhaut als dritte Verteidigungslinie wird durchlässig. Die Diagnose: „LEAKY-GUT-SYNDROM“. Da der Großteil unserer Immunzellen an der Darmschleimhaut sitzt, führt ein durchlässiger Darm zu einer Beeinträchtigung unserer Abwehrkräfte. Wie es sich anfühlt, „nicht dicht“ zu sein, musste ich am eigenen Leib erfahren.

Meine Geschichte

Das erste Mal als mir bewusst wurde, dass etwas mit meinem Stoffwechsel nicht stimmte, war vor sechs Jahren im Herbst/Winter 2017. Die gesamte kalte Jahreszeit über war ich immer wieder erkältet und nie richtig gesund. Es war ein Auf und Ab. Mal ging es mir besser, mal schlechter. Ich ertrug diesen Zustand mit Geduld und dachte, die Herausforderungen im Alltag seien schuld daran. Ich war zuversichtlich, dass ich mich auch wieder besser fühlen würde, wenn etwas mehr Ruhe einkehrte. Der Frühling kam, und die Erkältungen ließen nach. Doch nun bemerkte ich einen ständigen Blähbauch. Vor allem abends vor dem Zubettgehen sah ich aus, als wäre ich im siebenten Monat schwanger. Meine Waage zeigte fünf Kilo mehr an, und meine

Stuhlqualität ließ ebenfalls zu wünschen übrig. Nur selten bekam ich einen wohl geformten und festen Stuhl zu Gesicht. Dies führte ich darauf zurück, dass ich entweder zu viel, zu schnell oder das Falsche gegessen hatte. Ich ermahnte mich selbst, meine Ernährungsgewohnheiten zu verändern.
Verändert habe ich jedoch nichts und im Sommer 2018 fühlte ich mich nur noch müde, kraftlos und erschöpft. Kein Tag verging, an dem ich mich mittags nicht hinlegen musste, um Kraft für die zweite Tageshälfte zu sammeln. Von da an läuteten bei mir die Alarmglocken und ich begab mich in die Hände eines erfahrenen, von mir sehr geschätzten Ganzheitsmediziners mit dem Schwerpunkt Darmgesundheit. Ich wurde auf Herz und Nieren geprüft. Einem großen Blutbild folgten eine Vollblut-Mineralstoff-Analyse und eine molekulargenetische Stuhlanalyse. Nach Vorliegen aller Befunde und einem ausführlichen Gespräch stand fest, dass ich an einem Leaky-Gut-Syndrom litt. Durch die gestörte, durchlässige Darmbarriere kam es bei mir unter anderem zu Vitalstoffmängeln. Rekordverdächtig im Keller lagen die Werte für Vitamin B12, Eisen und Vitamin D. Meine Leber war „beleidigt" und zeigte dies mit einem erhöhten Gamma-GT-Wert. Die Gamma-GT (Gamma-Glutamyl-Transferase) ist einer von drei Leberwerten, welcher anzeigt, dass unsere Leber aus bestimmten Gründen überfordert ist. Doch mit dieser Diagnose ging es dann bergauf. Da die Resorptionsfähigkeit meines Darms herabgesetzt war, musste ich mir selbst Vitamin B12 injizieren – mit dem Erfolg, schon nach einer Woche weniger müde und wesentlich leistungsfähiger zu sein. Ich startete für fünf Monate eine Darmsanierung mit Pro-, Präbiotika, wertvollen Vital- und Pflanzenstoffen und weiteren sinnvollen Ergänzungen. Durch eine Bioresonanzmessung wurde festgestellt, dass Weizen, vor allem Vollkornweizen, für mich schwer verdaulich war. Daher verzichtete ich für die Zeit der Darmsanierung darauf. Heute esse ich seltener Weizen und wenn doch, dann keinen Vollkornweizen. Mit Hilfe der Bioresonanz wurde meine körpereigene Regulationsfähigkeit angestoßen, und mein Darm konnte nach und nach heilen. Im darauffolgenden Winter stellte ich voller Freude fest, dass ich wesentlich widerstandsfähiger war. Durch meine

wiederaufgebaute und intakte Darmbarriere wurde mein darmassoziiertes Immunsystem entlastet. Ich war wieder in der Lage, Bakterien und Viren die Stirn zu bieten. Ich habe es kurz erwähnt, dass der größte Anteil – etwa um die 80 Prozent – unserer Immunzellen, an der Darmschleimhaut sitzt. Mediziner bezeichnen dies als darmassoziiertes Immunsystem. Ich werde im Kapitel „Darm-Immunsystem-Achse" noch näher darauf eingehen. Bei meinen jährlichen Vorsorgeuntersuchungen erfreut es mich nun, zu sehen, dass ich keine Vitalstoffmängel mehr habe. Eine weitere molekulargenetische Stuhlanalyse nach meiner Darmsanierung lieferte den Beweis, dass ich auch keinen durchlässigen Darm mehr hatte – beziehungsweise habe. Im Grunde brauchte ich all diese Beweise nicht wirklich, da mein Energielevel und meine Vitalität Zeichen genug für die gelungene Darmsanierung waren.

Darmbarriere-Störungen und ihre Verursacher

Führen wir uns nun vor Augen, wie es beziehungsweise durch welche Auslöser es zu einer Darmbarriere-Störung, zum Leaky Gut kommen kann:

Durch **Medikamente und Antibiotika**, vor allem wenn Sie diese im Laufe Ihres Lebens schon häufig eingenommen haben. Vielleicht schon während Ihrer Kindheit, der Zeit, in welcher sich eine natürliche Besiedelung einstellt. Auch eine einmalige Einnahme kann die Besiedelung Ihres Darms langfristig in ein Ungleichgewicht bringen.

Das Gleiche gilt für bestimmte Medikamente, die zum Beispiel eingesetzt werden, um die Magensäureproduktion zu unterbinden aber auch, um erhöhte Cholesterinwerte oder den Blutdruck zu senken. Sie verfügen über eine keimabtötende Wirkung und reduzieren so für uns wertvolle Bakterienarten. Unser sensibles Darmökosystem kommt ins Wanken.

Durch **chronischen Stress und traumatische Erlebnisse**, die durch die vermehrte und anhaltende Ausschüttung von Adrenalin und Cortisol zu stillen Entzündungen führen und so die Zusammensetzung unseres Darmmikrobioms negativ beeinflussen können.

Durch **toxische Belastungen**, welcher wir uns oftmals nicht bewusst sind. Tagtäglich nehmen wir über die Umwelt, über die Nahrung, über die Luft aber auch über das Wasser, das wir trinken, Schwermetalle, Mikroplastik, Pestizide wie Glyphosat, künstliche Aromen sowie Konservierungsstoffe und vieles mehr auf. Ein gesunder Darm und eine gesunde Leber werden mit einer überschaubaren Belastung fertig und helfen uns dabei, diese Substanzen wieder loszuwerden. Stehen wir jedoch unter toxischem Dauerbeschuss, ist früher oder später Schluss mit lustig – und eine Kompensation nicht mehr möglich. Wir nehmen Schaden, sowohl unsere Mikroorganismen als auch unsere Darmschleimhaut.

Durch **entzündungsfördernde Nahrungsmittel**, welche für unser Verdauungssystem schwer zu verarbeiten sind, da sie vermehrt Anti-Nährstoffe, darunter die sogenannten Lektine, enthalten. Darauf werde ich noch genauer eingehen. Aber auch wenn wir zu viel, zu oft, zu schnell und zu stark verarbeitete Lebensmittel essen, kann es zu Darmbarriere-Störungen kommen. Auch der tägliche Konsum von raffiniertem Zucker, von zu viel Fett und zu wenig Ballaststoffen wirkt sich negativ auf unsere Verdauungskraft und letztendlich auf unsere Darmgesundheit aus.

Durch **Verdauungsschwäche**, damit meine ich, dass wir nicht über ausreichend Säfte und Enzyme für die vollständige Zerlegung und Aufschließung der Lebensmittel, die wir zu uns nehmen, verfügen. Produzieren wir zum Beispiel zu wenig Magensäure oder zu wenig vom Enzym Pepsin, findet keine optimale Vorverdauung von Eiweißen im Magen statt. So gelangen halbverdaute Proteine in den Dünndarm. Eine „beleidigte“ Leber und damit verbunden eine reduzierte Ausscheidung von Gallensäuren führen dazu, dass aufgenommene Fette nicht optimal vorverdaut werden. Sollten wir obendrein auch noch über eine geschwächte Bauchspeicheldrüse verfügen, die dann nur eingeschränkt bestimmte Enzyme für die Eiweiß-, Fett- und Kohlenhydratverdauung bereitstellt, wird abermals ein halbverdauter Speisebrei weitertransportiert. So gelangt dieses Überangebot an Nahrungsbestandteilen, welche nicht synthetisiert und somit auch nicht von unserem Organismus aufgenommen werden konnten, in den Dickdarm. Auf diese Weise werden schädliche Bakterien aber auch Pilze gefüttert. Diese können sich rasch vermehren und die Zusammensetzung der Mikroorganismen im Darm verändern. Im Dickdarm sind es dann bevorzugt Gär- und Fäulniskeime, die sich über dieses Restl-Essen stürzen und keine Skrupel haben, vermehrt Gase, Säuren und Ammoniak zu bilden. Das bekommen wir dann unter anderem durch Blähungen, Völlegefühl, Durchfall oder Verstopfung zu spüren. Bleibt die Verdauungsschwäche unbemerkt, führt dies ebenfalls zu einer Schwächung unserer Darmbarriere.

Durch **chronische Infektionen** durch Bakterien, Viren und Parasiten, welche nicht als diese erkannt und damit nicht ausgeheilt wurden. Ein gutes Beispiel dafür sind Reisedurchfall aber auch Infektionen mit dem Epstein-Barr-Virus, Zytomegalie-Virus, Coxackie-Virus oder verschiedenen Herpesviren. Die Folgen: ein im Dauereinsatz befindliches Immunsystem und Mikroentzündungen. Auch in diesem Fall wird der Grundstein für einen durchlässigen Darm und somit eine Schädigung unserer inneren Grenzfläche zur Außenwelt gelegt.

Alle zuvor genannten Einflussfaktoren führen im ersten Schritt zur Fehlbesiedelung, also Dysbiose des Darms – mit einem Anstieg an für uns schädlichen Darmkeimen, Pilzen – prominentester Vertreter ist Candida albicans –, Viren und Parasiten. Sie produzieren Schadstoffe (Toxine), welche unsere Darmschleimhaut angreifen, Mikroentzündungen verursachen und die Darmschleimhaut so durchlässig machen. In schwerwiegenden Fällen kann es zu einer regelrechten Überwucherung kommen. Die damit verbundenen Beschwerden reichen von

Blähbauch, Bauchkrämpfen und Übelkeit bis hin zu Verstopfung, Durchfall und einer bleiernen Müdigkeit nach dem Essen.

Die gute Nachricht: Wenn die Ursachen eines Leaky-Gut-Syndroms erkannt werden, kann eine durchlässige Darmbarriere – je nach Schweregrad und bestehenden Belastungen durch den individuellen Lebensstil – mittels passender Darmsanierung in einem Zeitraum von sechs Monaten bis zu zwei Jahren geheilt werden. Mit dem Geschenk – wie ich es am eigenen Leib erfahren durfte – eines starken Immunsystems, eines erholsamen Schlafes, guter Laune und ausreichender Energie, um den Herausforderungen des Alltags gerecht zu werden.

Wie man ein Leaky-Gut-Syndrom feststellen kann, welche Diagnostik dazu notwendig ist und welche Parameter den Zustand der Darmschleimhaut verlässlich wiedergeben können, erfahren Sie im Kapitel „Lernen Sie Ihr Mikrobiom kennen".

02
Bauchhirn an Organe

Teil 2
Bauchhirn an Organe

Verbindungen fürs Leben
Teamplayer Darm und seine Verbindungen zu unseren inneren Organen

Der zuvor genannte Ganzheitsmediziner hat mir einmal gesagt: „Wissen Sie, Frau Polster, in der Akut- bzw. Notfallmedizin haben wir enorme Fortschritte gemacht. Wir können Knochenbrüche heilen, Organe transplantieren, viele Krebsarten besiegen und eine Blutvergiftung zum Stillstand bringen – Entwicklungen, wie sie rascher nicht gehen hätten können. Was jedoch die Heilung von chronischen Erkrankungen betrifft, da hinken wir enorm hinterher. Ich möchte sogar behaupten, dass wir gerade einmal über zehn Prozent mehr Wissen in der Behandlung von chronischen Erkrankungen verfügen als im Mittelalter. Ich habe erkannt, dass die meisten gesundheitlichen Beschwerden chronischer Natur verschwinden, wenn ich den Darm meiner Patienten saniere. Viele Probleme lösen sich in Wohlgefallen auf und es reicht dann, den Menschen nur noch punktuell bei seiner Genesung zu unterstützen.“ Diese Worte ließen mich nachdenklich werden. Sie erinnerten mich an die vielen Gespräche, die ich tagtäglich mit verzweifelten chronisch kranken Menschen, die sich von Ärzten nicht verstanden oder gut therapiert fühlen, führe. Den Satz „Ich habe einen Ärzte-Marathon hinter mir, bisher konnte mir niemand helfen und zu guter Letzt hat man mir empfohlen, zum Psychiater zu gehen“, höre ich leider immer wieder. Schon während meiner Selbstständigkeit als Ernährungsexpertin vor mehr als zehn Jahren durfte ich eine Dame bei ihrer individuellen Ernährungsumstellung begleiten. Bei unserem ersten Termin in meiner Praxis saß sie vor mir, sprichwörtlich wie ein Häufchen Elend. Sie erzählte mir, dass sie in ihrem Beruf als Krankenschwester ein sehr hohes Arbeitspensum bewerkstelligen musste. Sie fühlte sich sehr gestresst, konnte nachts nicht gut schlafen, litt tagsüber an Durchfall und musste bis zu achtmal auf die Toilette. Ihre größte Sorge war, ihren Beruf nicht mehr ausüben zu können. Sie wurde von mehreren Ärzten untersucht, doch niemand konnte ihr helfen. Als Ausschlussdiagnose – dies bedeutet, dass zum Beispiel chronisch entzündliche Erkrankungen wie Morbus Crohn oder Colitis ulcerosa ausgeschlossen wurden – bekam sie zu hören, dass sie an einem Reizdarm-Syndrom leide, man für sie nichts tun könne und sie unbedingt einen Psychiater aufsuchen solle. Sie wusste zu diesem Zeitpunkt schon, dass sie an einer Fructosemalabsorption litt. Das bedeutete, dass der über die Nahrung aufgenommene Fruchtzucker in ihrem Dünndarm nicht vollständig aufgenommen wurde und den Bakterien erst im Dickdarm als „Zusatzhäppchen“ zur Verfügung stand. Dies verstärkte ihre Beschwerden, wie etwa Blähungen und Durchfall.

Da ich damals noch nicht so viel Erfahrung wie heute hatte, kontaktierte ich Frau Mag. Anita Frauwallner(meine Mentorin mit jahrzehntelanger Erfahrung in der Mikrobiomforschung) mit der Bitte, mir Empfehlungen auszusprechen, mit deren Hilfe ich diese Dame probiotisch unterstützen konnte. Sie nahm daraufhin für vier Wochen zweimal täglich ein Probiotikum mit anti-entzündlicher Wirkung und die Aminosäure L-Glutamin zur Regeneration ihrer irritierten Darmschleimhaut ein. Für vier Wochen sollte sie sich bevorzugt von Lebensmitteln mit wenig bis kaum Fructose ernähren. Mit einem für ihren individuellen Stoffwechsel erstellten Ernährungsplan verließ sie meine Praxis und

wir vereinbarten in vier Wochen den nächsten Termin.
Als sie wieder zu mir kam, wirkte sie gar nicht glücklich. Wir starteten mit einer bioelektrischen Impedanz-Analyse (einer Messung zur Ermittlung der Körperzusammensetzung. Nach einigen Wochen fragte ich sie, wie es ihr ging. Ihre Antwort: „Gut!“ Meine zweite Frage: „Wie sieht es mit Ihrer Stuhlqualität aus? Haben Sie noch Durchfall?“ Ihre Antwort: „Nein, Durchfall habe ich keinen mehr. Ich gehe nur noch ein- oder zweimal pro Tag zur Toilette und mein Stuhl ist geformt.“ In diesem Moment lief mir ein Schauer über den Rücken – vor Freude, dass die Therapieempfehlungen geholfen hatten. Darauf fragte ich sie: „Ja, warum freuen Sie sich denn nicht, wenn doch alles so gut gelaufen ist?“ Ihre Antwort: „Ich kann es einfach nicht glauben und befürchte, dass dieser Erfolg möglicherweise nicht anhält.“

Wie belastend musste diese Situation für die Dame gewesen sein, dass sie keinen Glauben mehr an eine Verbesserung oder Heilung ihrer Beschwerden hatte?

Bis heute frage ich mich, ob es tatsächlich so sein soll, dass in der Schulmedizin nur noch Organe und ihre Erkrankungen isoliert betrachtet und somit behandelt werden und eine Zusammenarbeit mit der Ganzheitsmedizin immer noch ein Wunschdenken meinerseits ist. Eine Bestätigung dazu bekam ich sehr bald im Gespräch mit einem Allgemeinmediziner in Wien. Ich erwähnte, dass unser Darm und unsere Leber miteinander in Verbindung stehen. Darauf antwortete er: „Was bitte soll der Darm mit der Leber zu tun haben?“ Für mich waren diese Worte – buchstäblich – ein Schlag in die Magengrube.
Als faszinierte Bakterienfreundin war ich wirklich schockiert, wie es möglich sein konnte, dass die Mikrobiomforschung mit all ihren Erkenntnissen an diesem Arzt vorübergegangen war. Leider ist er nicht der einzige Arzt, welcher der Mikrobiomforschung keine Aufmerksamkeit schenkt. Allerdings liegt er damit weit entfernt von einer ganzheitlichen Sichtweise auf den Menschen, auf seine Besiedelung mit Mikroorganismen und auf die Zusammenhänge beziehungsweise

Funktionsweisen des komplexen menschlichen Stoffwechsels. Wie beruhigend ist es doch zu wissen, dass der berühmte Arzt Hippokrates schon 300 vor Christus den Stellenwert eines gesunden Darms für unser Wohlbefinden erkannte und diesen als Wurzel aller Gesundheit bezeichnete. Warum es so lange gedauert hat, bis man dem Darm samt seiner Mitbewohner endlich die Aufmerksamkeit schenkte, die er verdient, werde ich wohl nie erfahren. Doch Fakt ist: Im Hier und Jetzt wissen wir nicht nur um den gesundheitlichen Stellenwert unseres Mikrobioms Bescheid. Auch der Forschungsdrang ist unaufhaltsam und wird – wie es auch bei der Erforschung des Universums der Fall ist – noch viele weitere spannende und heilbringende Erkenntnisse liefern. Selbst die hartgesottensten Gegner der Mikrobiomforschung werden in naher Zukunft die segensreichen Eigenschaften von Bakterien für den Menschen erkennen und in ihre Therapieempfehlungen mit einfließen lassen. Davon bin ich überzeugt. Dass unser Darm im Körper kein Einzelgänger, sondern ein verbindlicher Teamplayer unserer inneren Organe ist, auf den man sich verlassen kann, zeigen wissenschaftliche Forschungen. Diese bringen mich mit jeder neuen Erkenntnis ins Staunen. Begleiten Sie mich nun auf eine Reise in unser Körperinneres. Erfahren Sie, welche Verbindungen unser Darm eingeht und inwiefern er als Sparringspartner für ein reibungsloses Funktionieren unseres Organismus unerlässlich ist.

02

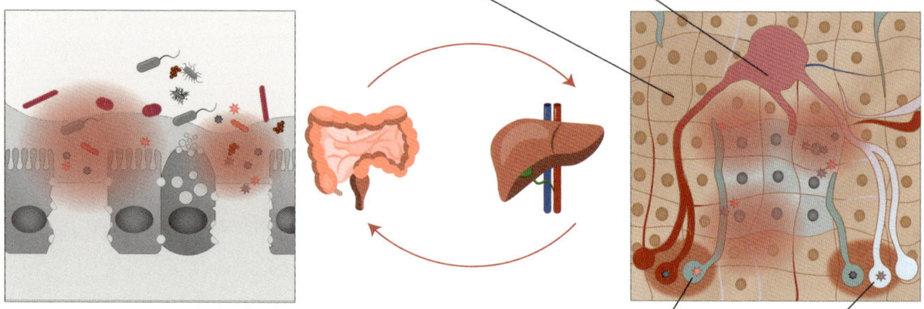

Das Zusammenspiel zwischen Leber und Darm entscheidet wie unser wichtigstes Entgiftungsorgan funktioniert.

Darm-Leber-Achse

Nicht-alkoholische Fettleber (NAFLD) – wie die richtigen Bakterien unsere Leber schützen

Wie hat noch einmal dieser Arzt gesagt? „Was bitte hat der Darm mit der Leber zu tun?"

Die Leber rangiert gleich an zweiter Stelle nach dem Darm, wenn es um meine Wertschätzung geht. Als geduldiges und unermüdliches Organ entgiftet sie unseren Körper tagtäglich von Stoffwechselabbauprodukten, chemischen Schadstoffen aus der Umwelt (aus Luft, Wasser und Lebensmitteln), bei vorhandenem Leaky Gut von Bestandteilen verendeter Bakterien (sogenannten Lipopolysacchariden (LPS)), von Alkohol, Schwermetallen und Medikamentenrückständen. All das wird von unserer Leber zu harmlosen Substanzen umgewandelt, die dann mit dem Gallensaft über den Darm oder - sofern gut wasserlöslich – mit dem Urin über die Nieren ausgeschieden werden können.
Es versteht sich von selbst, dass, wenn sich zu viele dieser Giftstoffe in unserem Körper ansammeln, unsere Leber mit der Entgiftung

irgendwann nicht mehr nachkommt. Die Anzeichen einer Überforderung der Leber zeigen sich häufig in ständiger Müdigkeit, Muskelschmerzen, Konzentrationsstörungen, Stimmungsschwankungen, Gewichtszunahme und Kopfschmerzen.
Aber nicht nur die Entgiftung zählt zu den Aufgaben der Leber. Sie ist die Hauptverantwortliche, wenn es um die Fettverdauung geht. Die Leber hält Energievorräte in Form von Glucose und Glykogen bereit, damit uns der „Sprit“ nicht ausgeht. Sie speichert Vitamine, Spurenelemente und Mineralstoffe. Sie wandelt mit den Lebensmitteln aufgenommenes körperfremdes Eiweiß in körpereigenes Eiweiß um. Sie produziert Cholesterin als lebensnotwendige Substanz zum Aufbau von Hormonen und Zellmembranen, Gallensäuren und Vitamin D. Wenn wir zu wenig Cholesterin über die Nahrung aufnehmen, sorgt die Leber dafür, dass ausreichende Mengen dieses lebensnotwendigen Zellschutzes in unserem Organismus vorhanden sind. All diese Dinge bewerkstelligt die Leber still, von uns unbemerkt, Tag für Tag und Nacht für Nacht. Sollten Sie regelmäßig zwischen zwei und drei Uhr nachts wach werden, kann dies ein Hilferuf Ihrer überforderten Leber sein. Denn zu dieser Zeit läuft sie auf Hochtouren und hat ihre Hauptentgiftungsphase. Da die Leber keine Nerven besitzt, kann sie sich nicht mit Hilfe von Schmerzen bemerkbar machen. Einzig wenn sie entzündet ist und anschwillt, kommt es zur Dehnung des Bindegewebes beziehungsweise der Faszien, die sie umgeben. Dies nehmen wir als Druckgefühl beziehungsweise -schmerz unter dem rechten Rippenbogen wahr.

Wie ich schon in jungen Jahren meine Leber traktiert und zur Schwerstarbeit verdammt habe – natürlich ohne mir dessen bewusst zu sein –, möchte ich Ihnen jetzt erzählen.

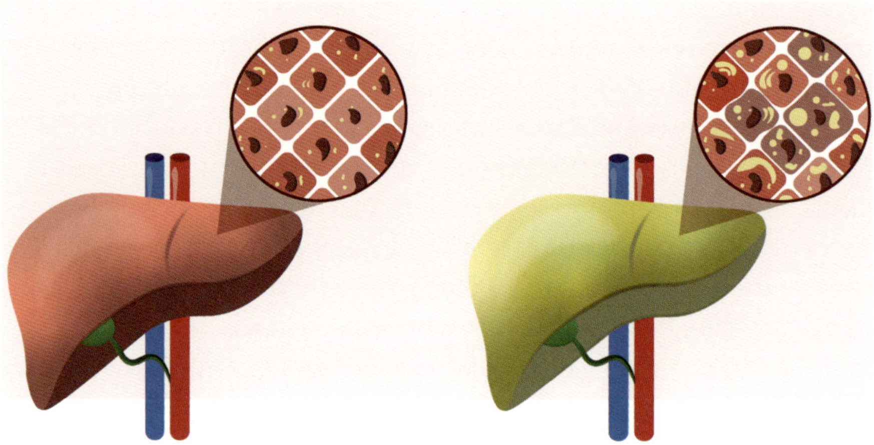

Eine Fettleber (Abb. rechts) gehört zu den häufigsten Erkrankungen in der westlichen Zivilisation und nicht immer ist Alkohol daran schuld.

Meine beleidigte Leber

Ich war 32 Jahre jung und zu dieser Zeit in Köln zu Hause. Ich kochte zweimal täglich frisch, meistens Hausmannskost mit Sättigungsbeilagen wie Kartoffeln, Knödeln, Nudeln und Reis. Häufig gab es auch Süßspeisen und nachmittags hatte ich mir Kuchen und Kaffee angewöhnt. Rückblickend habe ich mich mit Sättigungsbeilagen und Süßem gemästet. Wenn ich ehrlich zu mir selbst bin, war ich wirklich maßlos. Ich habe reingefuttert wie eine Profisportlerin, die zwei bis vier Stunden am Tag trainiert, was ich allerdings nicht gemacht habe. Wie ich anfangs schon erzählt habe, war mein Riesenglück, kaum zuzunehmen. Bei einer Gesundenuntersuchung stellte dann aber mein Hausarzt anhand meiner erhöhten Leberwerte im Blut und mittels Ultraschall eine leichte Fettleber fest. Mediziner sprechen in diesem Fall auch von einer nicht-alkoholischen Fettleber (NAFLD). Sie zählt zu den gutartigen Lebererkrankungen ohne Entzündungsgeschehen.

Auf meine Frage, was ich dagegen tun könnte, bekam ich gesagt, ich solle mir keine Sorgen machen. Eine NAFLD wäre nichts Schlimmes und ich könnte auch gar nichts dagegen unternehmen. Vom Typ her die „Gesundheitsbewusste", verließ ich doch sehr besorgt die Praxis. Mit 32 Jahren eine leichte Fettleber – was kommt danach? Mein Wissen zum Thema Darm- und Lebergesundheit war zu diesem Zeitpunkt noch dürftig, aber an „schlauen" Büchern mangelte es in meinem Haushalt nie. Im Buch „Naturheilpraxis heute" erfuhr ich, dass man eine leichte Fettleber ausgezeichnet mit einer Ernährungsumstellung regenerieren kann. Mehr als acht Wochen reduzierte ich die Menge der Sättigungsbeilagen, vermied raffinierten Zucker und damit erzeugte Nahrungsmittel, trank meinen Kaffee nur noch nach einer Mahlzeit ohne Zucker und Milch, dafür mit einem kleinen Sahnehäubchen. Wenn ich Lust auf Süßes bekam, gönnte ich mir dazu ein kleines Stück Bitterschokolade mit einem Kakaoanteil von mindestens 70 Prozent. Ich steigerte den Anteil an Gemüse, Salat sowie Kräutern und achtete darauf, genügend Eiweiß und ausreichend gesunde Fette mit einem hohen Anteil an ungesättigten Fettsäuren zu mir zu nehmen. Ich hielt Essenspausen von vier bis sechs Stunden ein und trank zwischen den Mahlzeiten ausschließlich Wasser, ungesüßten Kräuter- oder Grüntee. Nach diesen zwei Monaten der Ernährungsumstellung lagen meine Leberwerte wieder im optimalen Bereich. Meine Leber konnte das eingelagerte Fett samt belastender Substanzen auf diese Weise loswerden und buchstäblich erleichtert wieder ihren vielfältigen Aufgaben nachkommen. Ich fühlte mich energiegeladen, im wahrsten Sinne erneuert und erfrischt.

Damals war mir nicht bewusst, wie sehr meine Gesundheitszentrale Darm von meiner veränderten mediterranen und vitalstoffreichen Ernährung profitiert hatte. Mein Mikrobiom hatte sich durch diese „artgerechte" Ernährung positiv verändert. Fäulniskeime, welche Schadstoffe produzieren, wurden dadurch verdrängt und die gesundheitsförderlichen Bakterien konnten sich vermehren. Eine Darm-Verjüngungskur mit Genuss, im wahrsten Sinne des Wortes.

02

Wie Sie mit den richtigen Lebensmitteln Ihren Darm und vor allem Ihr Mikrobiom in beste Laune versetzen, erfahren Sie im Kapitel „Tipps & Tricks für einen glücklichen und gesunden Darm“.
In welcher Beziehung steht nun unser Darm mitsamt seinen aktiven Bewohnern zur Leber? Und warum spricht man von einer Darm-Leber-Achse?
Ich sehe unseren Darm als eine für die Leber vorgeschaltete Entgiftungszentrale. Die Voraussetzung ist eine gute Darmbarriere. Wie ich schon erwähnt habe, bedeutet dies, dass unsere Darmschleimhaut frei von stillen Entzündungen ist, dass sie ausreichend Schleim bildet und dass sich in diesem Schleim viele Arten und gute Bakterien in ausreichender Anzahl befinden. So ist unser Mikrobiom im Darm in der Lage, belastende Stoffe zu prüfen, zu synthetisieren und auszuscheiden. Während des Verdauungsprozesses entstehen von Bakterien gebildete Gase wie Methan, Kohlendioxid, Ammoniak, Stickstoff, Wasserstoff und Sauerstoff. Diese stellen in kleinen Mengen kein Problem dar und verlassen unseren Körper über einen kleineren oder größeren Pups alias Flatulenz, alias Darmwind. Kommt es jedoch zu einer erhöhten und dauerhaften Bildung dieser Gase durch etwa einen Magensäuremangel, einen Mangel an Verdauungsenzymen oder durch Lebensmittelunverträglichkeiten, dann kann die Folge eine wie schon zuvor beschriebene Durchlässigkeit der Darmschleimhaut sein. Dies wiederum hat zur Folge, dass über die Pfortader, die den Darm mit der Leber verbindet, erhöhte Konzentrationen an etwa Ammoniak, das man ohne weiteres als Gift bezeichnen kann, in der Leber ankommen. Ist die Leber gesund, wird sie es mit Würde tragen und fleißig daran arbeiten, unseren Körper kompetent zu entgiften. Haben wir die Leber aber – so wie in meinem Fall – über einen längeren Zeitraum getriezt, kann sie ihre Aufgabe nicht mehr vollständig erfüllen und wir finden das giftige Ammoniak in unserem Blut wieder. Und nicht nur im Blut, denn von da aus kann Ammoniak auch in unser Gehirn gelangen und Störungen der Gehirnfunktion verursachen. Stimmungsschwankungen und Energielosigkeit sind die Folgen. Man spricht dann von einem „Leaky Gut – Leaky Brain“. Aber dazu später mehr.

Wir tun also gut daran, die Ammoniakbelastung im Auge zu behalten und unserem Darmmilieu höchste Aufmerksamkeit zu schenken. Wozu das genau? In einem leicht säuerlichen Dickdarmmilieu kann Ammoniak leichter ausgeschieden werden. Ist unser Milieu im Dickdarm durch regelmäßigen zu hohen Fleischkonsum basisch, wird Ammoniak ungebremst und nahezu vollständig in den Blutkreislauf aufgenommen. Dazu ist noch wichtig zu wissen, dass Ammoniak selbst basisch ist und so unser Dickdarmmilieu verschlechtert. Wir können unsere individuelle Ammoniakbelastung nicht nur im Auge behalten, sondern auch etwas tun, um unseren Magen-Darm-Trakt und die Leber zu entlasten.

Mit der Gabe von hochdosierten Laktobazillen und Bifidobakterien schaffen wir es, den pH-Wert im Darm zu senken, ein säuerliches Milieu zu fördern und Fäulniskeime wie auch Pilze zurückzudrängen. In Kombination mit einer ballaststoffreichen Ernährung und ausreichend Flüssigkeitszufuhr können wir so ein Gleichgewicht im Darm wieder herstellen. Ist die Darmbarriere erst wieder gestärkt und nur physiologisch durchlässig, ist das eine große Unterstützung und Entlastung für die Leber, die so entspannter und effektiver entgiften kann. Da unsere Leber Bitterstoffe liebt, sollten wir sie ausreichend damit versorgen. Am besten mit Lebensmitteln wie unter anderem Löwenzahn, Rucola, Radicchio, Endivie, Chicorée, Artischocken, Kohlsprossen, mit gelber Grapefruit, Salbei, Rosmarin, Thymian und vielen anderen.
Da ein bitterer Geschmack bei uns Menschen nicht unbedingt beliebt ist, wurden diese wertvollen Bitterstoffe im Laufe der Zeit leider aus vielen Lebensmitteln herausgezüchtet beziehungsweise mittels Züchtung auf ein Minimum reduziert – zum Leidwesen für unsere Leber, die oft vergebens auf ihr Lebenselixier wartet. All jene, die sich gar nicht dazu überwinden können, bittere Lebensmittel zu verzehren, können sich mit einer wertvollen Vitalstoffergänzung behelfen. Solch eine Ergänzung enthält ausgewählte Bitterstoffe, wie zum Beispiel Löwenzahnwurzel, Mariendistel, Artischocke, Wasabiwurzel und andere. Auch auf diese Weise können Sie Ihre Leber bei ihrer täglichen Entgiftungsarbeit unterstützen.

Bei stillen Entzündungen an der Darmschleimhaut (wie man diese detektieren kann, lesen Sie im Kapitel „Molekulargenetische Stuhlanalyse“) haben sich zur Bindung von Ammoniak und zur Wachstumshemmung von krankmachenden Keimen, Viren und Pilzen Huminsäuren bewährt. Huminsäuren entstehen durch Zersetzungs- beziehungsweise Umwandlungsprozesse von hauptsächlich pflanzlichen, aber auch tierischen Ausgangsstoffen. Huminsäuren haben die Eigenschaft, wie ein sanfter und beruhigender Film an der Darmschleimhaut anzudocken. Sie schaffen es, dort befindliche Toxine, Ammoniak, pathogene Keime, Viren aber auch Schwermetalle wie Blei, Quecksilber, Arsen und Unkrautvernichtungsmittel wie zum Beispiel Glyphosat zu binden. Man kann sie auch gut und gerne als „Putztrupp für essenzielle Räumungsarbeiten“ bezeichnen. Denn durch Huminsäuren und den Stuhlinhalt sind wir in der Lage, all diese belastenden Schadstoffe auszuscheiden. Nach meiner Darmsanierung und zur regelmäßigen Entgiftung und Entlastung meines Darms verwende ich regelmäßig Huminsäuren. An dem Ort, an dem ich all meine „Gesundheitsbooster“ wie Vitamin D, Vitamin C, Magnesium und andere bevorrate, befindet sich immer auch eine Packung mit Huminsäuren.

Wussten Sie, dass unsere Leber als einziges Organ nachwachsen kann, wenn man ein Stück davon entfernen würde? Klingt nach Science Fiction, ist aber Realität – und sollte uns nicht dazu verführen, die Warnzeichen einer überlasteten Leber zu ignorieren. Achten Sie bitte ab heute immer gut auf Ihren Darm, darauf, ihn mit den richtigen Nähr-, Vital- und Ballaststoffen zu versorgen und darauf, ausreichende Entspannungsphasen in den Alltag zu integrieren. Ihre Leber wird es Ihnen ein Leben lang danken.

Dies war jetzt nur EINE von mir beschriebene wertvolle Verbindung des Darms zu einem inneren Organ wie der Leber. Vielleicht ist Ihre Neugierde gewachsen und Sie fragen sich, ob es nicht noch mehr dieser wertvollen Verbindungen gibt? Ja, das war definitiv noch nicht alles, was unsere freundlichen Darmbewohner leisten, bewirken und für unseren Körper tagtäglich tun…

Darm-Immunsystem-Achse

Die Superhelden-Barriere - Trainingspartner für unsere Abwehrkräfte

Ich habe Ihnen zuvor erzählt, wie sich unsere Grenzfläche zur Außenwelt, der Darm, mit drei Schutzmechanismen beziehungsweise Abwehrstrategien für eine widerstandsfähige Darmbarriere vor jeder Art von Eindringlingen schützt. Dabei habe ich Ihnen die vierte und letzte Verteidigungslinie vorenthalten: unser darmassoziiertes Immunsystem. Im Englischen als „gut associated lymphoid tissue", kurz „GALT" (darmassoziiertes lymphatisches Gewebe), bezeichnet.

Ein intaktes Immunsystem braucht einen gesunden Darm mit vielen nützlichen Helfern.

Ich habe schon erwähnt, dass sich bis zu 80 Prozent unserer gesamten Immunzellen an der Darmschleimhaut befinden. Wieder sind Darmbakterien Sparringspartner. Genauer gesagt, sind sie in diesem Fall Kooperationspartner der Immunzellen an der Darmschleimhaut.

Zusammen ergeben sie ein sehr fein abgestimmtes Ordnungssystem, das in ständigem Austausch steht. Es ist für unsere Gesundheit und unser Wohlbefinden von größter Bedeutung, dass diese Zusammenarbeit reibungslos abläuft. Dafür ist es wiederum wichtig, welche Bakterien sich in unserem Darm aber auch in unserem gesamten Organismus aufhalten. Die Kommunikation muss stimmen.
Die richtigen Darmbakterien sehen sich ganz genau an, was alles in unseren Darm gelangt und um Eintritt in unseren Körper bittet. Bei einer gesunden, stabilen Darmbarriere werden den Darm-Immunzellen von den Bakterien nur noch die als unschädlich freigegebenen Substanzen präsentiert. Diese können dann noch einmal „drüberschauen“ und die Entscheidung fällen: „bedrohlich, muss von spezialisierten Immunzellen unschädlich gemacht werden, oder nicht bedrohlich, darf in unseren Organismus“. Läuft diese Kommunikation reibungslos ab, ist der Mensch im Gleichgewicht. Wie wir wissen, entsteht jede Krankheit aus einem Ungleichgewicht. Es ist notwendig, dass sich unsere Immunzellen an der Darmschleimhaut mit den Darmbakterien austauschen und „unterhalten“. Nur so wird und bleibt unser Immunsystem aktiv, reaktionsfreudig und flexibel. Man könnte auch sagen, Darmbakterien fungieren als Dolmetscher, da sie den Knotenpunkt von der Außenwelt zur Innenwelt darstellen und die Signale, die sie empfangen, den Immunzellen übersetzen. Die Weichen für ein intaktes oder störanfälliges Immunsystem werden schon in der Zeit, bevor wir zur Welt kommen, gestellt.

Wenn die werdende Mutter und der werdende Vater über ein gesundes, artenreiches Mikrobiom und ein tatkräftiges Immunsystem verfügen, wird ihr Neugeborenes eine bessere Konstitution und Widerstandsfähigkeit entwickeln als ein Neugeborenes, dessen Eltern keine so optimalen Voraussetzungen mitbringen. Dessen Eltern vielleicht sogar an Allergien oder einer chronisch entzündlichen Darmerkrankung leiden, die mit einer Dysbiose im Darm eihergehen. Eine natürliche Geburt und die damit verbundene natürliche Bakterienbesiedelung sowie möglichst lange gestillt zu werden, spielt ebenso eine immens wichtige Rolle für die Entwicklung eines Kindes und die Konstitution seines Mikrobioms und Immunsystems.

Dank der Mikrobiomforschung ist es möglich, mit freundlichen Darmbakterien in Form von Pro- bzw. Synbiotika ein Gleichgewicht im Mikrobiom herzustellen. Dieses unterstützt das darmassoziierte Immunsystem der Schwangeren in seiner Aktivität und ermöglicht dem Kind bei der Geburt einen besseren Start. Darüber hinaus besteht heute die Möglichkeit, ein Neugeborenes mit einer Veranlagung für Allergien, die es seitens Eltern mitbekommen hat, zum Zweck einer optimalen natürlichen Besiedelung ebenfalls mit „freundlichen" Bakterien zu unterstützen. Eine große Hilfe bietet hier ein Probiotikum mit einer wissenschaftlich geprüften Kombination aus vier natürlich im menschlichen Darm vorkommenden Bakterienstämmen. Dieses Probiotikum können Sie in der Apotheke kaufen. Es ist in seiner Zusammensetzung optimal auf die Bedürfnisse der werdenden Mutter und des Neugeborenen abgestimmt. Nimmt es die werdende Mutter spätestens zwei Monate vor der Geburt ein, wird ihr darmassoziiertes Immunsystem sanft moduliert und die Bedingungen in ihrem Darm werden optimiert. Bei einer natürlichen Geburt kommt es dann beim Neugeborenen zur Besiedlung mit vermehrt „freundlichen" Bakterien, die sich vermehren und den Grundstein für einen gesunden Darm und ein intaktes Immunsystem legen. Kinder, die nicht gestillt werden, Kinder mit einer genetischen Prädisposition für Neurodermitis, Kinder, die via Kaiserschnitt entbunden wurden, aber auch Kinder, die schon im ersten Lebensjahr Antibiotika bekommen, profitieren von der durchgehenden Einnahme von dafür speziell abgestimmten, wohlwollenden Bakterienstämmen im ersten Lebensjahr.
Auch wenn Menschen noch nie Probiotika eingenommen haben und/oder sehr geschwächt oder empfindlich sind, eine Chemotherapie hinter sich haben oder an mehreren Unverträglichkeiten leiden, bieten bestimmte Bakterienmischungen, welche schon Neugeborenen verabreicht werden können, einen optimalen Einstieg ins Darmbakterien-Universum – mit bester Verträglichkeit und Wirkung. Mit diesem sanften Impuls im Darm kann dann auch sehr bald, oft schon nach einer Woche, auf Synbiotika für Erwachsene umgestiegen werden.
Ein Arzt oder Therapeut mit Fokus im Bereich der Darmgesundheit

weiß darüber Bescheid und wird seine Patienten kompetent dabei begleiten, ihr Ökosystem Darm wieder ins Gleichgewicht zu bringen.

Die Art der Mikroorganismen – ob Bakterien, Pilze, Viren, Parasiten oder andere Organismen –, mit denen unser Darm besiedelt ist, entscheidet über Gesundheit oder Krankheit unseres gesamten Organismus. Eine reibungslose Kommunikation zwischen Mikrobiota und den Immunzellen der Darmschleimhaut kann nur stattfinden, wenn wir über ein harmonisches Verhältnis an nützlichen Bakterien verfügen, die als „Türsteher" alle für unsere Immunzellen bedrohlichen „Eindringlinge" fernhalten. Herrscht, wie schon beschrieben, für einen längeren Zeitraum eine Dysbiose im Darm mit der Folge eines Leaky Gut vor, ist es, als würden die Türsteher auf Mittagspause gegangen sein und nicht mehr wiederkehren. Die Immunzellen an der Darmschleimhaut sind auf sich gestellt und werden mit schädlichen Keimen, Toxinen, Resten von Stuhl, chemischen Substanzen und Viren konfrontiert.
Als „Fremde" und „Eindringlinge" erkannt, kennen unsere Immunzellen nur eine Abwehrstrategie – und das ist ENTZÜNDUNG. Hier sei unbedingt erwähnt, dass eine Entzündung im Körper ein Zeichen für ein aktives Immunsystem ist, welches einen Heilungsprozess eingeleitet hat. Eine Entzündung im Körper ist somit als positiv zu bewerten. Wenn wir uns zum Beispiel vorstellen, dass wir uns in den Finger geschnitten haben, dann wird dort eine Entzündung eingeleitet. Wenn alles gut läuft, ist die Wunde in der Regel in ein paar Tagen verheilt und die Entzündung abgeklungen. Anders verhält es sich bei einem nicht erkannten Leaky Gut. Hier herrscht dauerhaft „Tag der offenen Tür". Damit verbunden sind eine ständige Belastung des darmassoziierten Immunsystems und stille, für uns nicht wahrnehmbare Entzündungen, die sich zunächst auf den Darm beschränken. Im fortgeschrittenen Stadium können diese Entzündungen unseren ganzen Körper betreffen. Dauerstress, der zu einer Nebennierenschwäche und zu einem niedrigen Cortisol-Level führen kann, schwächt die Kraft unseres Immunsystems. Infektanfälligkeit (man schlittert von einer Erkältung in die nächste), chronische Schmerzen, Autoimmunerkrankungen und Nahrungsmittel-

unverträglichkeiten sind die Folgen. Es gibt mehr als 100 Autoimmunerkrankungen. Sie alle haben etwas gemeinsam: ein im Daueraktivitätsmodus befindliches Immunsystem und ein im Ungleichgewicht befindliches Darmökosystem.

Fazit: Ob wir über ein starkes, abwehrkräftiges Immunsystem verfügen, hängt maßgeblich von der Zusammensetzung unseres Mikrobioms ab. Unsere Darmbakterien sind nicht allein für die Verdauung zuständig, sondern stehen in ständigem Kontakt und Austausch mit den Immunzellen der Darmschleimhaut und des Immunsystems im gesamten Körper. Man kann dies als lebenslange Kommunikation und damit auch Stimulation unseres Immunsystems, die uns im Gleichgewicht halten, betrachten. Fehlen die „Trainingspartner" für die Immunzellen, verkümmern sie und reagieren nicht mehr angemessen – vergleichbar mit dem Abbau von Muskeln, wenn wir diese nicht beanspruchen. Eine Vielzahl an „freundlichen" Darmbakterien und davon viele verschiedene Arten bieten somit die beste Unterstützung für ein tolerantes und zeitgleich tatkräftiges Immunsystem, das wichtig für die Abwehr von schädlichen Eindringlingen ist. Natürlich habe ich hier sehr einfach dargestellt, wie unser Mikrobiom und unser Immunsystem kooperieren. Von der Wissenschaft noch nicht bis ins Detail erforscht, handelt es sich um sehr komplexe Zusammenhänge. Möglicherweise bleibt auch einiges im Verborgenen für uns. Und möglicherweise ist es auch gut und von der Natur vorgesehen, nicht alles zu erfahren. Für mich als Bakterienfreundin steht auf jeden Fall fest, dass ohne diese ungestörte Kommunikation unserer „Mitbewohner" kein Mensch lebensfähig ist. Wir sind mit humanen Bakterienstämmen heute in der Lage, dieses sensible Ökosystem zugunsten eines Gleichgewichts in unserem Organismus zu unterstützen.

Nach der Darm-Leber-Achse folgt die ZWEITE Achse, jedoch nicht die letzte wertvolle Verbindung, bei welcher unsere Darmgesundheit von essenzieller Bedeutung ist.

Das Schöne daran ist, dass wir das Ruder mit unserem Lebensstil und unserer Ernährung selbst in die Hand nehmen und für einen glücklichen Darm sorgen können. Im Kapitel „Tipps & Tricks für einen glücklichen und gesunden Darm" habe ich für Sie DAS Verwöhnungsprogramm für unsere „Superhelden" zusammengestellt.
In welcher Verbindung unsere Darmbakterien mit unserem Gehirn stehen und wie sie für gute Stimmung sorgen, sehen wir uns jetzt an.

Darm-Hirn-Achse

Heller Kopf, gesunder Darm – oder ziemlich beste Freunde

Wenn ich an unsere Darm-Hirn-Achse denke, fällt mir ein sehr lustiger Sketch von Otto Waalkes mit dem Titel „Der menschliche Körper" ein. Er beschreibt darin „Das Wunder des Ärgerns", indem er auf sehr amüsante Weise die Informationswege und Reaktionen in unserem Körper schildert. An der Bar in einem Lokal sitzend, sieht er sich einem Schlägertypen gegenüber, welcher ihn als Saufkopf bezeichnet, und beschreibt die Vorgänge in seinem Körper. Er beginnt mit den Worten: „Ohr an Großhirn, Ohr an Großhirn, ich habe soeben das Wort Saufkopf entgegennehmen müssen! Großhirn an alle, bereitmachen zum Ärgern! Großhirn an Nebennieren, Adrenalin ausschütten! Großhirn an Blutdruck, bitte steigen! Blutdruck an Großhirn, gestiegen! Leber an Großhirn, wo bleibt denn der Alkohol? Ich habe hier gar nichts mehr zu tun!" Da Otto sein Gegenüber als bedrohlich, groß und stark und seine Chancen, bei einer Konfrontation ohne blaues Auge davon zu kommen, als gering wahrnimmt, entschließt er sich, einen diplomatischen Weg einzuschlagen. Der Schlusssatz lautet daher: „Großhirn an Zunge, zwei Bier bestellen – eines für den Herrn gegenüber und eines für die Leber!" Ich muss auch heute noch über diesen Sketch lachen, obwohl ich ihn schon so oft gehört habe. Auf äußerst unterhaltsame Art und Weise bekommen wir einen kleinen Vorgeschmack von den komplexen Zusammenhängen in unserem Stoffwechsel.

Darm-Hirn-Achse

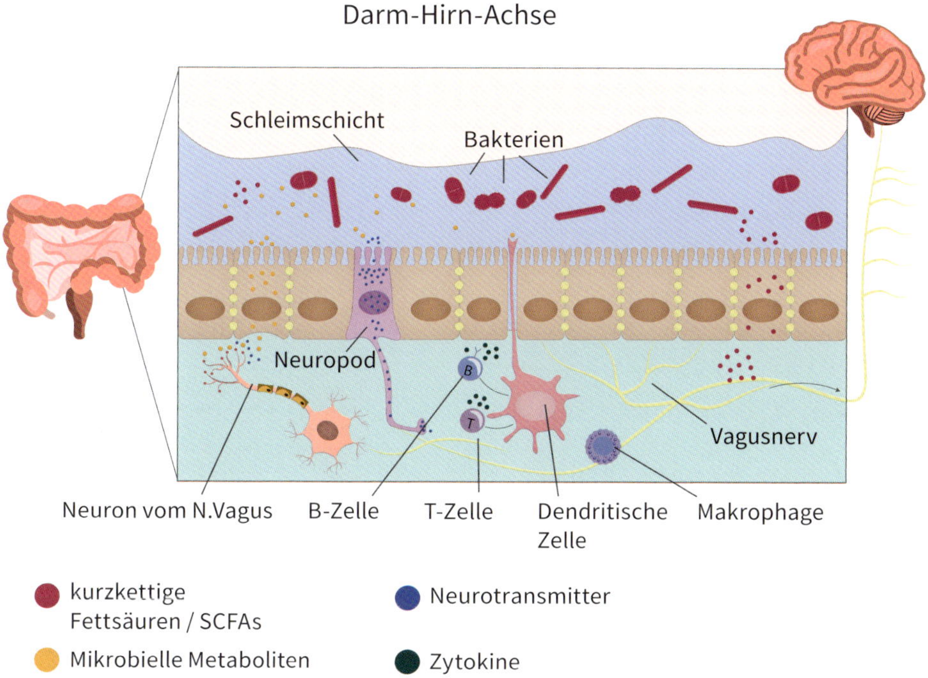

Der Darm ist in einem ständigen Austausch mit unserem zentralen Nervensystem und hat Einfluss auf unser seelisches Befinden

Wie differenziert und weitreichend die Verbindungen von Darm und Hirn sind, zeigt uns abermals die Mikrobiomforschung. Der Begriff Bauchhirn ist uns allen bekannt. Sätze wie: „Ich habe Schiss", „Ich habe Schmetterlinge im Bauch", „Ich habe kein gutes Bauchgefühl", „Mir ist flau im Magen" oder „Mir liegt etwas im Magen" sind uns mehr als geläufig. Sie zeigen uns die Verbindung von Magen, Darm und Gehirn. Wissenschaftler bezeichnen sie als Darm-Hirn-Achse. Gemeint ist damit der Austausch unserer Gehirnzellen mit den im Darm lebenden Bakterien und Mikroorganismen. Gemeint ist aber auch die Verbindung zwischen unserem Darmnervensystem (enterischen Nervensystem, ENS) und dem Zentralnervensystem im Gehirn. Daraus entstand die Aussage: „Der Darm ist unser zweites Gehirn." Sage und schreibe um die 500 Millionen Nervenzellen umgeben unseren Darm.

Tatsächlich hängen unsere Gehirnleistung, unsere Stimmung und unsere Nervenstärke also auch von der Gesundheit unseres Darms ab. Wenn wir nach dem Glück Ausschau halten, sollten wir zuerst nachsehen, wie es unserem Darm und unserer mikroben Gesellschaft darin geht. Denn wussten Sie, dass an die 90 Prozent unseres benötigten Serotonins von unseren Darmbakterien aus der lebensnotwendigen Aminosäure Tryptophan gebildet werden? Und in der Folge auch das Hormon Melatonin für einen guten und erholsamen Schlaf? Und dass ein Mangel an Serotonin schuld daran sein kann, dass wir unter Verstopfung leiden?

Unsere „Superhelden" kennen keine Pausen. Sie bilden unentwegt alle B-Vitamine für starke Nerven und Nervenbotenstoffe, die über die Blutbahn ins Gehirn gelangen. Vorausgesetzt sie werden von uns gut behandelt und mit ausreichend Futter versorgt. Im Kapitel „Darmbarriere" bin ich schon darauf eingegangen, was passiert, wenn wir unsere freundlichen Bakterien mit den richtigen, also ballaststoffreichen Lebensmitteln versorgen. Sie produzieren als Stoffwechselendprodukte kurzkettige Fettsäuren, die auch als Postbiotika bezeichnet werden und – wie schon beschrieben – unsere gehirneigenen Immunzellen (Mikroglia) nähren. Verfügen wir über ein artenreiches Mikrobiom mit vielen Butyrat-bildenden Bakterien, fühlen wir uns in der Regel glücklicher, zufriedener und ausgeglichener. Müsste ich mich für einen Butyrat-bildenden Bakterienstamm entscheiden, hieße es. „The Oscar goes to… FAECALIBACTERIUM PRAUSNITZII!" Ist dieses Bakterium in unserem Darm unterrepräsentiert, erhöht sich das Risiko, ein Leaky-Gut-Syndrom zu entwickeln. Außerdem besteht eher die Gefahr, Stoffwechselstörungen wie zum Beispiel Übergewicht, Diabetes mellitus, chronisch entzündliche Darmerkrankungen, Ängste, Depressionen oder auch ein chronisches Müdigkeitssyndrom zu entwickeln. Das Lieblingsgericht dieses Bakteriums ist resistente Stärke. Wie Sie mit Ihrer Ernährung ausreichend resistente Stärke zu sich nehmen können, werde ich noch im Kapitel „Darmschmeichler unter den Nahrungsmitteln" beschreiben. Um die Vermehrung von Faecalibacterium prausnitzii zu unterstützen, können wir es kurmäßig für drei Monate mit einer medizinischen, natürlichen Ballaststoffquelle füttern. Auf diese einfache Art und Weise gewinnen wir Zeit für eine mögliche individuelle Ernährungsumstellung.

Depression gilt mittlerweile als Volkskrankheit. Antidepressiva werden am laufenden Band verordnet. Menschen klagen über Ängste, Antriebsstörungen, Reizbarkeit, Schlafstörungen, innere Unruhe, Konzentrationsstörungen, ständige Müdigkeit, mangelnde Libido oder Dauerstress und eine damit verbundene eingeschränkte Belastbarkeit. Leider wird bei Depressionen sehr oft immer noch NUR das Gehirn als krank angesehen und symptomatisch mit Antidepressiva behandelt. Der Zusammenhang zwischen unserem Darm und psychischen Erkrankungen ist Gegenstand wissenschaftlicher Forschungen, und auch die bahnbrechenden Erkenntnisse sind bekannt, werden aktuell aber nur von wenigen Ganzheitsmedizinern berücksichtigt. Und das obwohl unser Mikrobiom unübersehbaren Einfluss auf unsere Darmbarriere hat, Botenstoffe für unser Gehirn im Darm produziert werden und ihr Vorhandensein von der Vielfalt und Aktivität unserer Darmbakterien abhängig ist. Die Behandlung mit Antidepressiva ist damit eine Symptombehandlung mit Nebenwirkungen und keine Regulationstherapie. Unumstritten ist, dass Depressionen in Verbindung mit chronisch entzündlichen Erkrankungen stehen. Ebenso ist seit langem bekannt, dass Toxine aus dem Darm Hirnleistung und Psyche negativ beeinflussen. Durch die schon erwähnten stillen Entzündungen an der Darmschleimhaut mit dem Ergebnis eines durchlässigen Darms kommt es zu einer Autointoxikation (Selbstvergiftung) - einerseits mit Bestandteilen verendeter Bakterien, sogenannter Lipopolysaccharide (LPS), andererseits mit Schadstoffen aus der Umwelt, biogenen Aminen wie zum Beispiel Histamin, Schwermetallen und Medikamentenrückständen. Ein durchlässiger Darm bedingt eine durchlässige Blut-Hirn-Schranke: LEAKY GUT – LEAKY BRAIN, wobei entzündungsfördernde Schadstoffe die Blut-Hirn-Schranke passieren und unser Gehirn angreifen. Auch das ist keine neue Erkenntnis. Es ist auch bekannt, dass Menschen mit Depressionen an Verdauungsstörungen leiden und dies mit einer

Dysbiose und dem Vorhandensein von vermehrten Schadstoffen im Darm zusammenhängt. Eine Ernährung mit vielen Kohlenhydraten, viel raffiniertem Zucker und isolierter Fructose aus etwa Mais schürt stille Entzündungen im Darm und fördert so die Durchlässigkeit der Darmschleimhaut. Dies sei an dieser Stelle erwähnt, da unsere moderne Ernährungsweise oft Fertignahrungsmittel mit vielen isolierten und künstlichen Zusatzstoffen enthält. Diese haben einen gesundheitsschädigenden Einfluss auf unsere Mikroben und unser Gehirn. Auch bei Migräne wird selten an den Darm und die Möglichkeit, therapeutisch genau dort anzusetzen, gedacht. In den zwölf Jahren meiner Tätigkeit als Ernährungsexpertin und zertifizierte Fachberaterin für Darmgesundheit konnte ich jeder Kundin mit Migräne mit einer individuellen Ernährungsumstellung und Darmsymbioselenkung helfen. Alle Kundinnen – es waren ausschließlich Frauen und keine Männer dabei – sollten zu Beginn Weizen, raffinierten Zucker, lektinreiche Lebensmittel und koffeinhaltige Getränke meiden. Mit einem Multispezies-Synbiotikum und ausgewählten Mikronährstoffen für den Darm kam jede einzelne Kundin nach sechs, spätestens acht Wochen mit einem Lächeln im Gesicht zu mir, um zu berichten, dass sie keine Migräne mehr hatte. Wenn Kopfweh auftrat, dann konnte sie es mit einer Kopfwehtablette schnell in den Griff bekommen. Tagelanges Verharren in verdunkelten Räumen mit Begleiterscheinungen wie Übelkeit, Erbrechen, Durchfall oder Verstopfung gehörten der Vergangenheit an.

Solche Anwendungsbeobachtungen gleichen für mich einem Lebenselixier. Sie bestätigen mir immer wieder, dass wir unserem Verdauungstrakt und damit auch unserer Ernährungs- und Lebensweise zugunsten unseres Wohlbefindens oberste Priorität einräumen sollten. Durch unsere moderne Lebensweise und die damit verbundenen Anforderungen, die wir an uns selbst im Beruf oder innerhalb der Familie stellen, steigt die Belastung. Die Folge: Unsere mentale Gesundheit ist gefährdet. Langandauernder psychischer, aber auch körperlicher Stress fordert seinen Tribut. Unseren wohlwollenden „Unterstützern“ sind die Tugenden von Mutter Teresa und Dalai Lama irgendwann schnuppe und sie verlassen unseren Darm. Die Diversität des Darmmikrobioms nimmt ab, es werden weniger für unser Gehirn lebensnotwendige Stoffwechselprodukte erzeugt. So werden über die Darm-Hirn-Achse Entzündungen geschürt, welche unsere Darmgesundheit und Gehirnfunktion beeinträchtigen. Eine Ernährungs- und Lebensstiländerung bilden die Grundlagen für eine Regulationstherapie der Darm-Hirn-Achse und können mit wissenschaftlich erforschten Pro- und Synbiotika unterstützt werden.

In Studien konnte nachgewiesen werden, dass bestimmte Multispezies-Probiotika bei regelmäßiger Einnahme in der Lage sind, Entzündungen im Körper zu reduzieren und die Darmbarriere zu stärken. Die Wirkung ist in der Vermehrung von Faecalibacterium prausnitzii und damit verbunden in einer erhöhten Produktion der kurzkettigen Fettsäure Butyrat begründet. Auch die Synthese von Alanin und den essenziellen Aminosäuren Valin, Isoleucin und Lysin wird dadurch gefördert. Da depressive Patienten oft an einem gestörten Aminosäurehaushalt leiden, ist dies ein wichtiger Aspekt.

Last, but not least möchte ich Ihnen noch einen Hauptdarsteller im Darm-Hirn-Achse-Drehbuch vorstellen: den VAGUSNERV. Er ist einer und der längste von zwölf Hirnnerven und stellt die Verknüpfung zwischen unserem Darmnervensystem und dem Zentralnervensystem unseres Gehirns dar. Vom Stammhirn aus innerviert er die Organe Herz, Lunge, Magen, Darm, Leber sowie Nieren und leitet die Reize der Außenwelt an sie weiter. Damit beeinflusst der Vagusnerv unseren Blutdruck, unsere Atmung, die Menge unseres Schweißes, unsere Verdauungstätigkeit, unseren Blutzucker, die Menge unserer Magen- und Gallenflüssigkeit, unsere Nierenfunktion und unseren Speichelfluss. Er macht dies selbstständig, ohne dass wir darüber nachdenken müssen. Das heißt, auch der Vagusnerv hat ein Wörtchen mitzureden, wenn es um die Gesundheit unserer Verdauungsorgane und unseres Gehirns geht. Die individuelle Zusammensetzung unseres Mikrobioms nimmt auch auf die Funktion des Vagusnervs Einfluss.

Unsere Bakterienvielfalt macht dies, indem sie chemische Botenstoffe freisetzt, welche über den Vagusnerv in unser Gehirn gelangen. Interessant dabei ist, dass die Zellen des zentralen Nervensystems und die Zellen des enterischen Nervensystems während der Schwangerschaft im Fötus aus demselben Gewebe entstehen und so über den Vagusnerv verbunden sind. Da Verdauungsprobleme und psychische Beeinträchtigungen oft eine Vagusnerv-Problematik darstellen, können wir auch über diesen Weg eine Selbstheilung anstoßen. Die Traumatherapie ist eine von vielen möglichen Ansätzen. Entspannungstechniken wie autogenes Training, progressive Muskelentspannung, Qigong, Yoga aber auch die einfache und jederzeit durchführbare tiefe Bauchatmung wirken hier regulierend und heilend.

Damit unser Darm und unser Gehirn ziemlich beste Freunde bleiben, lohnt es sich, vom Gehirn ausgehend nach unten zu blicken und dem Magen-Darm-Trakt und seinem Mikrobiom die verdiente Wertschätzung entgegenzubringen. Lassen Sie uns akzeptieren, dass Darm und Gehirn nicht voneinander zu trennen sind. Dass wir alle und vor allem jeder von Stimmungsschwankungen, Depressionen, Migräne, Autismus, Demenz, Multipler Sklerose und/oder Verdauungsbeschwerden Betroffene immens profitiert, wenn wir diesen Zusammenhang nicht ignorieren. Ich wünsche mir für die nahe Zukunft, dass in Gesundheitsberufen tätige Menschen diese komplexen Vorgänge in unserem Darm erkennen. Dass sie die Interaktionen beziehungsweise die Kommunikation der im Darm aber auch in unserem gesamten Organismus lebenden Mikroorganismen wahrnehmen, der Mikrobiomforschung erhöhte Aufmerksamkeit schenken und Therapien dementsprechend anpassen. Die Gesundheit aber auch Krankheit unseres Gehirns – und wie wir schon wissen nicht nur des Gehirns – werden vom Darm und seinen Bakterien mit beeinflusst.

In diesem Sinne möchte ich noch eine Verbindung unseres Darms beleuchten, die mir am Herzen liegt, deren Bedeutung heute aber immer noch unterschätzt wird.

Darm-Haut-Achse

Innen so wie außen – die Haut als Spiegel der Darmgesundheit

Dass der Darm in unserem Körperinneren mit seiner riesigen Schleimhautfläche als Grenzfläche und damit als Schutzfläche zur Außenwelt fungiert, habe ich hoffentlich ausreichend beschrieben. Genauso wie seine Beziehung zu unserem Immunsystem und seine Ausscheidungs- sowie Entgiftungsfunktion. Aber steht der Darm mit seinen Schutzfunktionen alleine da? Oder bekommt er von jemandem Rückendeckung?
Es ist die Haut aka ziemlich beste Freundin unseres Darms, die ihn tatkräftig unterstützt. Sie wird in ihrer Funktion als weiteres Entgiftungsorgan und in der Traditionellen Chinesischen Medizin als „dritte Niere“ bezeichnet. Die Hauptakteure bei der Entgiftung unseres Körpers sind die Leber, der Darm, die Lunge, die Nieren und unser Lymphsystem. Unsere Haut wird erst auf den Plan gerufen, wenn einer oder mehrere dieser Akteure überlastet sind und die Entgiftung nicht mehr reibungslos abläuft. Unsere Haut hilft uns dabei, unsere Körpertemperatur aufrechtzuerhalten. Sie schützt uns vor Kälte, Hitze, Sonnenlicht und Austrocknung.

Auch die Haut verfügt über ein eigenes Mikrobiom. Es sorgt für eine Schicht auf der Haut, die wir als Säureschutzmantel bezeichnen. Der dadurch bedingte säuerliche pH-Wert auf unserer Haut hilft dabei, Krankheitserreger fernzuhalten. Diese lieben ein eher basisches Milieu – auf der Haut wie auch im Darm.
Mit einer Größe von zwei Quadratmetern bietet unsere Haut genügend Platz für 100 Milliarden Mikroorganismen. Wo sie sich aufhalten, hängt von ihren individuellen Vorlieben ab. Mögen sie es feucht, siedeln sie sich in der Achsel oder im Genitalbereich an.
Die Trockenheitsliebenden unter ihnen finden wir an den Unterarmen. Auch fettige Haut bildet einen Nährboden für Mikroorganismen, die dieses Klima lieben. Ihre Namen klingen wie noch nicht entdeckte Planeten im Sonnensystem: Actinobacteria, Proteobacteria, Firmicutes oder Bacteroidetes.

02

Darm-Haut-Achse

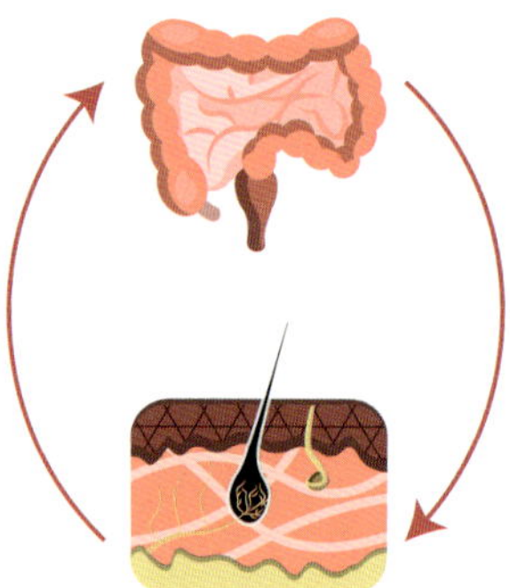

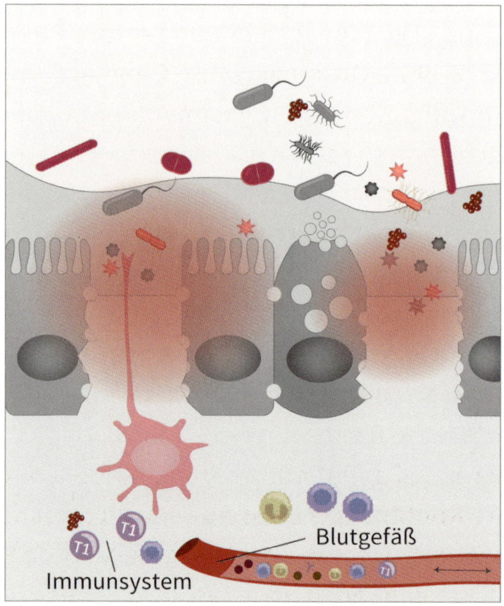

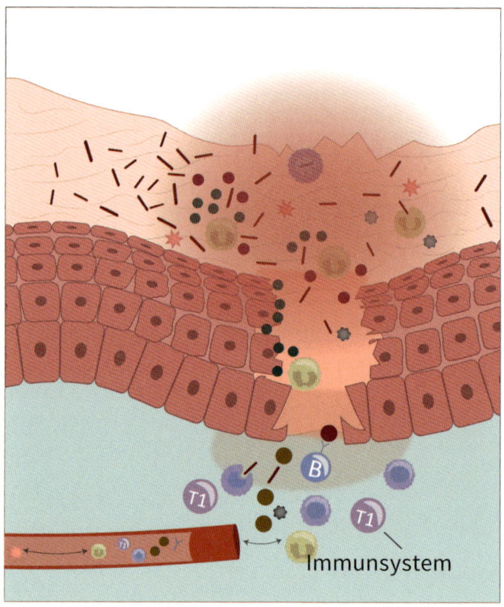

Auch auf der Haut, ist der Mensch ein wandelndes Bakterien-Universum.

Den Titel „Der Mensch als wandelndes Bakterien-Universum“ habe ich nicht ohne Grund gewählt. Denn nicht nur im Inneren unseres Organismus, sondern auch im Äußeren auf unserem gesamten Körper herrscht reges Treiben und Kooperieren – mit uns, dem Menschen als Gastgeber.

Aber warum behaupte ich, dass unser Darm und seine Mitbewohner in Beziehung zu unserer Haut stehen? Wandern wir mit unserem Blick von unserer äußeren Hülle, der Haut, zu unserem Inneren. Im Kapitel „Darm-Immunsystem-Achse“ sprach ich vom darmassoziierten Immunsystem und davon, dass sich bis zu 80 Prozent unserer Immunzellen an der Darmschleimhaut befinden. Dass wir dort einen derart hohen Anteil an Immunzellen vorfinden, liegt daran, dass wir dort die größte Kontaktfläche zur Außenwelt haben – und diese geschützt werden muss. Unsere Haut ist die zweitgrößte Kontaktfläche zur Außenwelt. Daher ist auch hier eine gute Schutzbarriere besonders wichtig. Die Haut besteht aus drei Schichten. Von innen nach außen: aus der Unterhaut, Lederhaut und Oberhaut. Da unsere Haut in ständigem Kontakt mit der Umwelt steht, hat auch sie – wie unser Darm – eine bedeutende Funktion bei der Immunabwehr und beheimatet ebenfalls eine hohe Anzahl an Immunzellen. Pro Quadratzentimeter sind es bis zu 800 spezifische Immunzellen. Wenn es Erreger schaffen, unsere oberste Hautschicht zu überwinden, wie es zum Beispiel bei einer Verletzung der Fall ist, machen sie zuerst Bekanntschaft mit Makrophagen, dendritischen Zellen und Langerhans-Zellen. Diese sind darauf spezialisiert, weitere Immunzellen namens T-Helferzellen zu aktivieren, um so eine Immunreaktion auszulösen. So kann es sein, dass nicht nur an Ort und Stelle der Verletzung eine Reaktion (Entzündung) ausgelöst wird, sondern unser gesamtes Immunsystem aktiviert wird. Besonders drastisch können Menschen, die auf das Gift der Honigbiene allergisch reagieren, die Aktivierung des gesamten Immunsystems zu spüren bekommen. Juckreiz und Hautausschlag, Übelkeit, Erbrechen, Bauchkrämpfe, Durchfall, Atemnot, Schwäche, Kollaps bis hin zu Atem- und Kreislaufstillstand, was man als anaphylaktischen Schock bezeichnet, können die Folgen sein.

02

Wie unser Darm und unser Mikrobiom unsere Hautgesundheit unterstützen, ist Gegenstand vieler Forschungen. Auch wenn noch nicht alle Zusammenhänge klar sind, gibt es Hinweise darauf, dass die artenreiche Besiedelung unseres Darms und unser darmassoziiertes Immunsystem auch auf unsere Haut einen positiven Einfluss nehmen. Die Haut wird als Spiegelbild der Seele und des Körpers bezeichnet. Ich möchte hier noch ergänzen, dass unsere Haut für mich auch das Spiegelbild unserer Darmgesundheit ist. Über den Darm werden fettlösliche, über die Nieren wasserlösliche und über die Lunge gasförmige Schadstoffe ausgeschieden. Ist unsere Darmgesundheit beeinträchtigt, sinkt die Entgiftungsleistung, die Darm-Immunzellen werden aktiviert. Säuren und Toxine, welche über den Darm nicht ausgeschieden werden können, müssen dann über die Haut entsorgt werden. Die kleinsten Probleme, die sich zeigen, wenn Giftstoffe über die Haut ausgeschieden werden, sind Hautunreinheiten, Ausschläge und gelegentlicher Juckreiz. Anders sieht es bei einer chronisch entzündlichen Hauterkrankungen wie unter anderem der Schuppenflechte (Psoriasis) und bei Neurodermitis (dem atopischen Ekzem) aus. Hier bekommen wir die gestörte Entgiftungsleistung unserer Ausscheidungsorgane auf die harte Tour vor Augen geführt. Diese Erkrankungen werden von Wissenschaftlern mit der Darmgesundheit assoziiert.

Unsere Haut kann jedoch nicht nur von innen überstrapaziert und belastet werden, sondern auch von außen. Als Frau spreche ich aus Erfahrung: Wie viele verschiedene Cremen schmiert man sich im Laufe des Lebens auf die Haut? Die eine für das, die andere für jenes. Die meiste Zeit über habe ich mir keine Gedanken gemacht, welche Substanzen in meinen Cremen enthalten sind. Bis mich eine Freundin darauf aufmerksam gemacht hat, dass es schlaue Apps gibt, die anzeigen, ob ein Produkt schädliche Substanzen enthält oder nicht. Mit diesen Apps bin ich dann auf die Suche gegangen und habe Produkte gefunden, die ohne synthetische Konservierungsstoffe oder hormonähnlich wirkende Substanzen auskommen. So erspare ich mir beim Versuch, meine Falten aus dem Gesicht zu schmieren, zusätzliche Chemiekeulen. Unsere Haut ist nun einmal keine undurchdringliche Festung und kann Substanzen aufnehmen, die in unser Inneres gelangen können. Bei einer Thalassotherapie mit Meerwasser, Schlamm und Algen ist es gewünscht, dass wir die wertvollen Mineralstoffe über unsere Haut aufnehmen und so unser Wohlbefinden und unsere Hautgesundheit stärken. Wir sollten generell übertriebene Hygiene vermeiden, um den von wertvollen Hautbakterien aufgebauten Säureschutzmantel nicht zu zerstören.

Fazit: Je besser unsere Entgiftungsorgane wie Leber, Nieren, Lymphsystem und Darm Schadstoffe unschädlich machen und ausscheiden können, desto vitaler, schöner, reiner und gesünder ist unsere Haut. Unser körperinneres Schleimhautsystem steht über die immense Schleimhautfläche unseres Darms und der Mikroben-Welt mit der Haut in Verbindung. Stellen wir uns unseren Darm als nährstoffreiches Beet vor, in welches wir Blumensamen streuen. Wenn wir dieses Beet mit ausreichend Wasser versorgen, werden unsere Blumen wachsen und uns sehr viel Freude bereiten. Diese Freude spiegelt sich sinnbildlich auf unserer Haut wider: Wir werden eine rosige, strahlende und reine Haut haben. Hegen und pflegen wir zusätzlich unser Hautmikrobiom und halten chemische Schadstoffe davon fern, können auch die Superhelden-Bakterien für eine gesunde Schutzbarriere sorgen.

02

Abermals lohnt es sich bei Hautproblemen, vorsorglich auch die Darmgesundheit und damit die Darmbakterien im Sinne der Entgiftung und Immunsystemregulierung im Auge zu behalten und diese bestmöglich mit einer naturbelassenen, ballaststoff- und vitalstoffreichen Ernährung zu unterstützen. Für eine gesunde Haut kann außerdem einer Versorgung mit Pro- und Präbiotika sinnvoll sein. Daher wünsche ich mir für die nahe Zukunft auch, dass die Ärzteschaft in der Dermatologie mehr auf innere Werte achtet und dem Darm im Zuge von Therapien mehr Aufmerksamkeit schenkt. Denn Hautprobleme, vor allem jene chronischer Natur, sind ein Zeichen, dass innere Prozesse nicht rund laufen und die alleinige äußerliche Behandlung mit zum Beispiel Cortisonsalben nur eine Symptom- jedoch keine Regulationstherapie darstellt, bei der der Patient auf eine nachhaltige Heilung hoffen darf.

Ich habe Ihnen nun vier innige Freundschaften unseres Darms vorgestellt. Eine lebenslange, ungestörte Kommunikation unseres Darms mit der Leber, dem Immunsystem, unserem Gehirn und unserer Haut sind Grundvoraussetzungen für unser Wohlbefinden und unsere Gesundheit. Kein Körperteil ist steril und jeder Körperbereich wird von bestimmten Bakteriengemeinschaften besiedelt. Manche Bakterien begleiten uns ein Leben lang, andere sind nur temporäre Passagiere. Jeder Mensch zeichnet sich durch seinen mikrobiellen Fingerabdruck aus. Die individuelle Besiedelung entscheidet über unsere innere Verfassung. Dass unser Darm als geselliger Hauptakteur nicht nur vier Freundschaften, sondern noch weitere wertvolle Bekanntschaften pflegt, ist und bleibt ein spannendes Thema der Mikrobiomforschung. Freuen wir uns auf viele interessante Erkenntnisse. Aktuell wird intensiv in unserem Mund geforscht. Unser Mundmikrobiom wird mit Sicherheit noch aufhorchen lassen. Und Sie können es sich schon denken, dass unser Darm auch hier ein Wörtchen mitzureden hat.
Es bleibt also spannend.

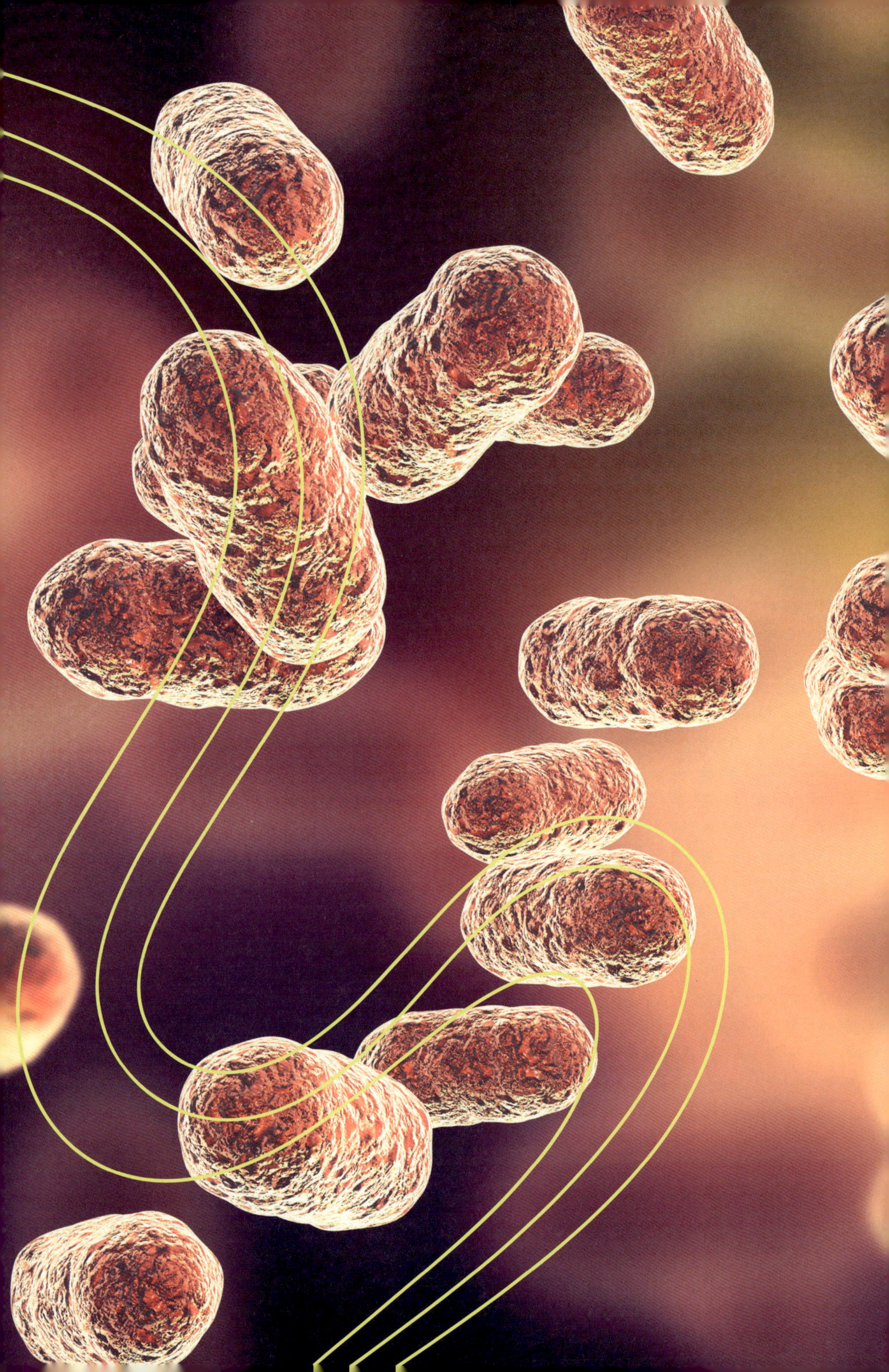

03

Lernen Sie Ihr Mikrobiom kennen

Teil 3
Lernen Sie Ihr Mikrobiom kennen

Molekulargenetische Stuhlanalyse
Der Blick in Ihr Mikrobiom-Universum

Dass wir Menschen eine enge Verbindung mit den Mikroorganismen in unserem Körper haben, steht außer Diskussion. Dass sowohl wir als auch unsere Untermieter von dieser Beziehung profitieren, das ist Symbiose. Fakt ist auch, dass der Mensch ohne ein gesundes Mikrobiom nicht überlebensfähig wäre und unsere körperliche wie auch geistige Entwicklung davon abhängig ist. Eine große Artenvielfalt und eine hohe Anzahl an wohlwollenden Darmkeimen sind Grundvoraussetzungen für unsere Gesundheit. Unter diesen Voraussetzungen leisten unsere Darmbakterien nicht nur wertvolle Arbeit bei der Verdauung von Nahrung, sondern liefern auch noch lebensnotwendige Stoffwechselprodukte für unser Wohlbefinden und helfen unserem Organismus dabei, zu entgiften. Dies wäre ein optimaler ausbalancierter Zustand. Was aber, wenn unser Mikrobiom aus dem Gleichgewicht gerät? Wir in einen dysbiotischen Zustand geraten? Dann erhöht sich das Risiko, klassische Zivilisationskrankheiten wie Verdauungsstörungen, Übergewicht,

Bluthochdruck, Diabetes, Herz-Kreislauf-Erkrankungen, Depressionen, Demenz und neurologische Erkrankungen zu entwickeln. Aber auch Allergien und Autoimmunerkrankungen fußen auf einem dysbiotischen Mikrobiom. Offensichtlich ist leider auch, dass Menschen, die in Großstädten aufwachsen, im Vergleich zu Menschen, die naturnahe wie zum Beispiel am Bauernhof leben, ein verarmtes Mikrobiom haben. Wie ist es uns nun möglich, einen Blick in unser Bakterien-Universum zu werfen? Um unsere Superhelden aufzuspüren und die weniger wohlwollenden Gesellen zu erblicken, bedarf es einer molekulargenetischen Stuhlanalyse. Die Frage, ob Sie diese bei Ihrem Hausarzt durchführen lassen können, muss ich leider mit einem „Nein" beantworten. Warum? Bei Ihrem Hausarzt können Sie eine sehr wertvolle Stuhluntersuchung auf unter anderem Parasiten durchführen lassen und okkultes (nicht sichtbares) Blut als Anzeichen für mögliche Darmpolypen und Tumore nachweisen lassen. Um jedoch ein aussagekräftiges Bild über Ihren individuellen Mikrobiom-Fingerabdruck zu erhalten, sollten Sie sich in die Hände eines Therapeuten oder Arztes begeben. Dieser kann eine molekulargenetische Stuhlanalyse durchführen und ist dazu in der Lage, diese kompetent zu interpretieren. Darauf basierend, erstellt der behandelnde erfahrene Therapeut schließlich erfolgversprechende Therapievorschläge.

Bei einer molekulargenetischen Stuhlanalyse handelt es sich um eine genetische Sequenzierung. Das bedeutet, Bakterien werden anhand ihrer DNA aufgespürt. Auch die Mengenverhältnisse können auf diese Weise bestimmt werden. So können die Diversität (Artenvielfalt) aber auch das Verhältnis verschiedener Bakterienstämme zueinander bestimmt werden. Es kann festgestellt werden, ob sich ausreichend Milchsäurebakterien, Butyratbildner, neuroprotektive oder mucinspaltende Bakterien in Ihrem Darm befinden, aber auch ob Fäulniskeime und Histamin-bildende Bakterien ihr Wohnrecht beanspruchen und über das physiologische Maß vorhanden sind. Gute Bakterien wie Bifidobacteria, Lactobacilli oder Escherichia Coli sowie schlechte Bakterien wie Campylobacter, Clostridien, Enterococcus faecalis, um nur einige zu nennen, können in einem derartigen Befund auftauchen. Bei chronischen Verdauungsbeschwerden kann die molekulargenetische Stuhlanalyse mit spezialisierten Markern wie Zonulin, Alpha-1-Antitrypsin, Calprotectin und sekretorischem Immunglobulin A (sIgA) in einem frühen Stadium stille Entzündungen, eine durchlässige Darmschleimhaut (Leaky-Gut-Syndrom) aber auch ein geschwächtes darmassoziiertes Immunsystem ans Licht bringen.

Dass es Unterschiede bei Stuhlanalysen gibt, musste ein lieber Freund von mir, der dies zuvor nicht wahrhaben wollte, am eigenen Leib erfahren…

Er berichtete mir, dass er schon seit längerer Zeit immer wieder Verstopfung mit Bauchkrämpfen und leichtem Fieber hatte. Meine Empfehlung war wie aus der Pistole geschossen, er sollte doch bitte eine molekulargenetische Stuhlanalyse bei einem mir bekannten kompetenten Ganzheitsmediziner und Darmspezialisten machen lassen. Er lehnte ab, als er hörte, dass solch eine Analyse und auch die Beratung seitens Arztes kostenpflichtig waren und nicht von seiner Gesundheitskasse übernommen wurden. Er ließ sich von seinem Hausarzt untersuchen. Nach einer Stuhlanalyse, einer Koloskopie und Gastroskopie bei einem Gastroenterologen sagte ihm sein Arzt, dass er keine Hinweise, die seine Beschwerden erklären würden, gefunden hätte. Bevor mein Freund die Praxis verließ, war der letzte Satz: „Herr F., Sie sind gesund. Denken Sie daran, sich ausreichend zu bewegen und mehr Wasser zu trinken.“ Mein Freund gab sich mit dieser Aussage zunächst zufrieden. Doch alle drei bis vier Monate wiederholten sich die besagten Beschwerden. Also kam er noch einmal auf mich zu und bat mich um den Kontakt zu dem Darmspezialisten, der sein Darmmikrobiom auf Herz und Nieren prüfen konnte. Durch die molekulargenetische Stuhlanalyse wurden unter anderem ein basischer pH-Wert seines Stuhls, eine verminderte Diversität und eine zu hohe Anzahl an Gär- und Fäulniskeimen festgestellt. Mit der dreimonatigen Einnahme eines Synbiotikums mit zehn Bakterienstämmen zweimal täglich und mit dreimal täglich fünf

Gramm einer medizinischen Ballaststoffquelle konnte sein Mikrobiom ins Gleichgewicht (in eine Symbiose) gebracht werden. Die damaligen Beschwerden meines Freundes gehören nun der Vergangenheit an. Da er jetzt darmgesundheitlich auf Nummer sicher gehen möchte, wiederholt er diese Kur mehrmals im Jahr für ein Monat.
Leider bekommen viele Menschen mit einer Reizdarm-Thematik seitens Schulmedizin gesagt, sie hätten eigentlich nichts. Die letzte Empfehlung lautet dann, sofern keine offensichtlichen Hinweise auf eine bekannte Darmerkrankung gefunden werden, sie mögen doch bitte einen Psychologen aufsuchen. Dass die Psyche einen bedeutenden Einfluss auf unsere Darmgesundheit hat und dadurch unser sensibles Darmökosystem durcheinander geraten kann, haben wir uns im Kapitel „Darm-Hirn-Achse" bereits angesehen. Die Kunde, dass Betroffenen mit Hilfe einer Symbioselenkung oder Darmsanierung geholfen werden kann, sollte meiner Meinung nach so schnell wie möglich die Runde machen – ein weiterer Wunsch für die nahe Zukunft.

03

Gesundheit beginnt im Darm

Symbioselenkung <-> Darmsanierung

Der Begriff der Darmsanierung wird mittlerweile äußerst inflationär verwendet. Dabei ist es wichtig, zwischen Symbioselenkung und Darmsanierung zu unterscheiden.

Einfach ausgedrückt, ist eine Symbioselenkung dann angesagt, wenn es im Darmbakterien-Universum zu einer Dysbiose gekommen ist. Wenn es zu einem Ungleichgewicht von guten und schlechten Bakterien gekommen ist, unsere Darmbarriere jedoch intakt ist. Hier sind die Behandlung mit medizinisch relevanten Synbiotika und die Zufuhr von Präbiotika in der Regel ausreichend, um im Darm wieder ein Gleichgewicht herzustellen.
Der Einnahmezeitraum hängt davon ab, wie lange die Problematik bestand, und welchen Einflussfaktoren der Betroffene ausgesetzt ist.

Eine Darmsanierung wird dann empfohlen, wenn eine Dysbiose besteht, stille Entzündungen der Darmschleimhaut mit einem Leaky Gut vorliegen, und das darmassoziierte Immunsystem offensichtlich überlastet ist. In diesem Fall muss die Basis, das heißt die geschädigte Darmschleimhaut, zuerst regeneriert werden. Damit verbunden müssen das darmassoziierte Immunsystem ausbalanciert und dann die Ansiedelung von guten Darmbakterien forciert werden. Dies geschieht in der Regel mit speziellen Darmschleimhaut-Therapeutika, Nähr- und Vitalstoffen für die Darmschleimhaut, Präbiotika und medizinisch relevanten Synbiotika. Die Dosierung und der Einnahmezeitraum hängen auch hier von der Ausprägung der Beschwerden, der bisherigen Dauer der Erkrankung und den individuellen Belastungen des Betroffenen ab.

Eine Darmsanierung zählt in der Ganzheitsmedizin und Naturheilkunde zu den Regulationstherapien. Regulationstherapien zeichnen sich dadurch aus, dass sie die Ursache einer Erkrankung behandeln und nicht nur das Symptom. Dies ist wichtig, zu wissen, da wir alle über

Berichterstattungen und Werbemeldungen so geprägt sind, dass wir mittlerweile glauben, dass es gegen jede Beschwerde oder Erkrankung ein Medikament gibt, das in kürzester Zeit zu einer Heilung führt. Die Wahrheit ist, dass die meisten Medikamente Symptome unterdrücken und nicht an der Ursache ansetzen. Sie schaffen es nur selten, den Menschen bei chronischen Erkrankungen wieder in ein Gleichgewicht zu bringen, seine Selbstheilungskräfte zu aktivieren und ihn letztlich zu heilen. Bei einer Regulationstherapie, ganz gleich, ob den Darm, den Stoffwechsel oder zum Beispiel das Hormonsystem betreffend, ist es wichtig, dem Körper aber auch den Substanzen, die Therapeuten uns empfehlen, Zeit und Vertrauen für einen nachhaltigen Erfolg mit dem Ziel der Beschwerdefreiheit zu schenken. Die Ziele einer nachhaltigen Darmsanierung sind:

→ Verdrängen von pathogenen Keimen

→ Bindung von Toxinen

→ Stillen von Entzündungen

→ Verbesserung der systemischen Immunantwort

→ Regeneration und Heilung der Darmschleimhaut

→ Aufbau eines symbiotischen Mikrobioms

Ein Begriff, der Ihnen im Zusammenhang mit unserem Mikrobiom öfters zu Ohren kommen wird, ist die Kolonisationsresistenz.
Sie bezeichnet eine physiologische Ansiedelung von gesunden Bakterien nicht nur im Darm, sondern auch in unserem gesamten Organismus. Damit bezeichnet die Kolonisationsresistenz auch das Verhindern der Ansiedelung von krankheitsfördernden Bakterien. Sie können sich eine optimale Kolonisationsresistenz wie ein Theater vorstellen, in dem alle Plätze von Menschen, die sich um gutes Geld eine Eintrittskarte

gekauft haben, besetzt sind. Hochstapler, die mit gefälschten Eintrittskarten um Einlass bitten, werden rasch auffliegen und zum Ausgang gebeten.

An dieser Stelle möchte ich noch einmal erwähnen, dass eine Dysbiose im Darm, je länger sie andauert, zu einer sich verschlechternden Abwehrlage unseres Körpers führt. Denn mit einer Dysbiose gehen immer Aufnahmestörungen und eine erhöhte Belastung durch Toxine, die durch Gär- und Fäulnisprozesse entstehen, einher. Schädliche Stoffwechselendprodukte von Dysbiosekeimen können zu einer Selbstvergiftung beitragen.

Grund genug, sich vertrauensvoll an einen Ganzheitsmediziner oder Therapeuten mit Schwerpunkt im Bereich der Darmgesundheit zu wenden, der dazu in der Lage ist, den Befund einer molekulargenetischen Stuhlanalyse richtig zu interpretieren und Sie bei einer Symbioselenkung oder Darmsanierung mit individuellen Empfehlungen zu begleiten. Denn so ist es in vielen Fällen möglich, Ihr Mikrobiom wieder in eine Symbiose zu führen und den Darm sowie Erkrankungen, die mit Ihrer Darmgesundheit in Zusammenhang stehen, auszuheilen.

Probiotikum ist nicht gleich Probiotikum – wie Sie die Spreu vom Weizen trennen

Das Interesse der klassischen Schulmedizin für die Mikrobiomforschung und den therapeutischen Einsatz von Pro-, Prä- und Synbiotika ist aktuell noch zurückhaltend. In meiner Beratungstätigkeit treffe ich auf viele Menschen, die sich diesbezüglich sehr gerne von ihrem Hausarzt beraten lassen würden. Da dieser sich jedoch mit der Anwendung solcher Nahrungsergänzungen nicht ausreichend auskennt oder dieser vielleicht sogar ablehnend gegenübersteht, fühlen sie sich auf der Suche nach geeigneten Hilfsmitteln oft alleine gelassen.

Welche Gedanken sollten Sie sich bei der Auswahl geeigneter Probiotika machen?

Zunächst einmal sollten Sie den Unterschied zwischen Probiotika und Synbiotika kennen.
In Probiotika finden Sie nur Bakterienstämme, in Synbiotika finden Sie Bakterienstämme mit einer Matrix. Als Matrix bezeichnet man das Futter der guten Bakterien also Ballaststoffe (Präbiotika), Proteine, Enzyme und Mineralstoffe. Sie dienen der Aktivierung der Bakterien und machen sie so zu kraftvollen Superhelden. Ich erzähle meinen Kunden immer, dass wir den Bakterien ein Jausen-Säckchen gepackt haben, damit sie für ihre lange Reise durch den Verdauungstrakt gut gestärkt sind und so ihren Zielort lebend erreichen. Wenn Sie also vor der Wahl zwischen Pro- oder Synbiotika stehen, dann greifen Sie zu Synbiotika. Durch wissenschaftliche Studien wurde belegt, dass Probiotika mit vielen unterschiedlichen Bakterien in ihrer regulierenden Wirkung auf unser Mikrobiom die Nase vorne haben. Gut nachzuvollziehen, denn um ein Haus zu bauen, benötigt es verschiedene Experten mit individuellen Fähigkeiten und Stärken. Bei unseren Bakterien ist es nicht anders. Sie ergänzen und unterstützen sich gegenseitig. Das Nonplusultra ist die Überprüfung durch wissenschaftliche Studien, welche die Wirksamkeit der optimalen Kommunikation und Unterstützung der

verschiedenen Bakterienstämme untereinander und ihre regulierende Wirkung auf unser Mikrobiom belegen. „Viel bewirkt viel!" Diese Aussage treffe ich selten, doch bei Probiotika steht sie an der Tagesordnung. Mit weniger als drei Milliarden Keimen pro Tagesdosis sollten Sie sich nicht zufriedengeben. Für therapeutische Zwecke sollten Sie schon zu Probiotika mit mindestens zehn Milliarden greifen. Auch bis zu 20 Milliarden Bakterien können nötig werden, um eine nachhaltige und damit heilende Wirkung zu erzielen. Zahlreiche gesundheitsfördernde Bakterien vor allem im Dickdarm vertragen keinen Sauerstoff und können deshalb nicht über Probiotika zugeführt werden. Zwei dieser Bakterienstämme hatte ich schon erwähnt: Akkermansia muciniphila und Faecalibacterium prausnitzii. Diese und andere Bakterien sollten Sie ausreichend mit Ballaststoffen aus der Nahrung oder mit Präbiotika füttern, um sich ihre gesundheitsfördernden Eigenschaften zu Nutze zu machen. Achten Sie auf Vielfalt bei den Ballaststoffen. Resistente Stärke, Akazienfaser, Pektin, Fructo-Oligosaccharide (FOS), Galacto-Oligosaccharide (GOS), Inulin oder Flohsamenschalen haben sich als schmackhaftes Futter für diese Nützlinge bewährt. Wie auf unserer Welt üblich, gibt es seriöse aber auch unseriöse Anbieter von Probiotika. Wie Sie die Spreu vom Weizen trennen, habe ich Ihnen untenstehend zusammengefasst.

Welche Qualitätsmerkmale haben medizinisch relevante Pro- und Synbiotika?

→ **Sicherheit**: Alle verwendeten Bakterienstämme müssen den GRAS-Status aufweisen. Dieser impliziert höchste Sicherheit für die Einnahme durch Menschen und die Abwesenheit von Nebenwirkungen auch bei langfristiger Anwendung.

→ **Bakterienanzahl:** Mindestens 109 KBE (= eine Milliarde Keime pro Gramm Pulver). Dies bedeutet, dass eine relevante Anzahl an lebensfähigen Bakterien aufgenommen werden kann.

→ **Aktivität:** Probiotische Bakterien sind am aktivsten innerhalb von 24 Stunden, nachdem sie rehydriert wurden und ihre Aktivität wieder entfalten. Dies geschieht bei Joghurts noch in der Molkerei, wo durch die Produktion von Milchsäure aus Milch Joghurt entsteht. Bei Pulvergranulaten geschieht dies allerdings im Körper von uns Menschen, wo die Bakterien ihre Fähigkeiten aktiv für uns einsetzen.

→ **Vermehrungsfähigkeit:** Nachgewiesene Vermehrung der probiotischen Keime auch nach Beendigung der Einnahme.

→ **Magen- und Gallensäureresistenz:** Wesentlich ist die Stabilität der Keime gegenüber starken Säuren. Bestens bewährt hat sich die Wiederbelebung der gefriergetrockneten Bakterien außerhalb des Körpers in einer neutralen Flüssigkeit. Dort können die Bakterien ihre erste Nahrung zu sich nehmen und erstarken, bevor sie die stundenlange Passage durch den Magen mit seiner Magensäure und durch den Zwölffingerdarm mit Gallensäure und Bauchspeicheldrüsensekret antreten und überleben müssen.

- **Stabilität bei Raumtemperatur:** Es sollte nicht die Bakterienanzahl zum Zeitpunkt der Abfüllung, sondern zum Ende der Laufzeit angegeben sein. Bakterien sterben bereits nach wenigen Tagen, wenn die Umgebung keine optimalen Lebensbedingungen bietet.

- **Milieuoptimierung:** Der optimale pH-Wert im Dünndarm liegt bei 4,0 bis 5,5. Bei diesem Wert vermehren sich nützliche Bakterien optimal, krankmachende Keime hingegen nicht. Deshalb sollten in einem Probiotikum Keime enthalten sein, die den pH-Wert durch starke Milchsäurebildung senken können.

- **Multispezies-Formulierung synbiotischer Bakterienstämme:** Wissenschaftliche Erkenntnisse sprechen dafür, dass die gezielte Kombination mehrerer Bakterienstämme bei einer Vielzahl von Anwendungsbereichen gegenüber der Verabreichung eines Einzelstamms überlegen ist. Durch sinnvolle Kombinationen in Multispezies-Formulierungen kann das Potenzial der einzelnen Stämme weiter gesteigert werden.

- **Synergie der Keimstämme:** Nicht alle Bakterienstämme vertragen sich gut miteinander. Sie können auch in einen Wettstreit (zum Beispiel um Nahrung) treten. Daher muss die Synergie von gemischten Bakterienpräparaten durch eine sogenannte „cross streak"-Methode nachgewiesen sein, beziehungsweise sollten Studien zur Wirksamkeit vorliegen.

- **Frei von tierischem Eiweiß, Gluten, Hefe und Laktose:** Um Unverträglichkeiten keinen Vorschub zu leisten.

- → **Matrix:** Zur Erhöhung der Aktivität und Vermehrungsfähigkeit der Bakterien werden Enzyme, Ballaststoffe und Mineralien zugegeben. Das steigert die Schleimproduktion der Darmschleimhaut und die Haftfähigkeit der zugeführten Bakterienkombination.

- → **Studien zur Wirksamkeit:** Durch wissenschaftliche Studien sollte die Wirksamkeit von Probiotika belegt werden.

04

Tipps und Tricks für einen gesunden Darm

Teil 4
Tipps & Tricks für einen glücklichen und gesunden Darm

Mission possible

Ernährungsfehler – zum Leidwesen unserer Darmbakterien

Denken Sie auch oft, dass Ernährung eine Wissenschaft geworden ist? Warum ist es für uns Menschen heute so schwierig, uns „artgerecht" und damit auch darmfreundlich zu ernähren, also die richtigen Lebensmittel auszuwählen? Jeden Tag erreichen uns insbesondere über die Medien die neuesten Meldungen darüber, was gesund für uns ist und welche Superfoods wir unbedingt zu uns nehmen sollten, damit es uns gut geht. Die meisten Superfoods sind aus fernen Ländern importiert. Meine Antwort auf die Frage, warum es so schwierig ist, sich darmfreundlich zu ernähren, ist, dass wir uns durch die Industrialisierung – das heißt hauptsächlich durch die Verarbeitung, Züchtung und Veränderung von ehemals natürlichen und reinen LEBENSmitteln zu NAHRUNGSmitteln – immer mehr von einer verträglichen, wohltuenden und darmfreundlichen Ernährung entfernen. Ich unterscheide gerne zwischen einem Lebensmittel, das uns lebendige Substanzen liefert und einem Nahrungsmittel, das uns ausschließlich Energie liefert.

Deshalb möchte ich Ihnen gerne ein Beispiel nennen, wie aus einem Lebensmittel ein Nahrungsmittel wurde.

Zucker – Süßes oder Saures?

Es ist gerade einmal 100 Jahre her, dass man begonnen hat, aus Zuckerrüben oder Zuckerrohr unseren heutigen raffinierten Zucker herzustellen. Die Natur - und wir alle wissen, sie ist ein perfektes System - hatte vorgesehen, dass wir die Zuckerrübe im Ganzen essen. Darin sind alle wichtigen Nähr- und Vitalstoffe enthalten, damit wir von diesem Lebensmittel genährt und unsere freundlichen Darmbakterien gefüttert werden können. Der Mensch hat jedoch alle guten Stoffe – dazu gehören Vitamine, Mineralstoffe, Spurenelemente, sekundäre Pflanzenstoffe und Ballaststoffe, ich nenne sie in meinen Erläuterungen zusammengefasst VITALSTOFFE – entfernt. Dazu sind mehrere industrielle Verarbeitungsschritte notwendig. Das rieselfreudige Ergebnis: unser Zucker ohne wertvolle Vitalstoffe. An dieser Stelle ist es wichtig, zu wissen, dass wir in unserem Körper zur Verstoffwechselung von Zucker B-Vitamine und Mineralstoffe benötigen. Werden diese nicht gleich im Nahrungsmittel - wie es bei raffiniertem Zucker der Fall ist - mitgeliefert, holt sich unser Körper diese Vitalstoffe aus seinen Depots. Bevorzugte Lagerstätten für Mineralstoffe sind Haut, Haare, Nägel, Bindegewebe und Knochen. Wir hören oft, dass manche Menschen sich übersäuert fühlen. Biochemisch bedeutet dies, dass es ihnen an Mineralstoffen fehlt, die in der Lage sind, Säuren an sich zu binden. Bei regelmäßigem überhöhtem Konsum von raffiniertem Zucker kommt es zu einer anhaltenden Übersäuerung. Das kann zu Haarausfall, brüchigen Fingernägeln, schlechter Haut und Osteoporose führen. Aber nicht nur das. Auch die Darmgesundheit wird in Mitleidenschaft gezogen. Pathogene Keime und insbesondere Pilze lieben raffinierten Zucker und vermehren sich ungebremst. Wohin das führt, ist Ihnen mittlerweile bekannt: zu einer Dysbiose im Darm. Ein auf diese Weise verändertes Lebensmittel - Ernährungsexperten sprechen auch von isolierten

Kohlenhydraten - ist nicht mehr natürlich und für unseren Organismus fremd. Genauso unnatürlich sind künstliche Zuckerersatzstoffe. In unserer modernen, hektischen Welt ist es für viele Menschen zur Normalität geworden, sich von industriell verarbeiteten Lebensmitteln zu ernähren, anstatt frisch zu kochen. Diese beinhalten jedoch oft sehr große Mengen an Zucker aber auch an künstlichen Zusatzstoffen wie Konservierungsmitteln, die unseren Darmbakterien das Leben schwer machen. Künstliche Zuckerersatzstoffe stehen unter Verdacht, Heißhungerattacken auszulösen und das Wachstum von krank- aber auch dickmachenden Bakterien zu fördern. Grund genug, finde ich, unseren Zuckerkonsum zu überdenken. Denn raffinierter Zucker ist ein Widersacher, wenn es um unsere Darmgesundheit und unser allgemeines Wohlbefinden geht. Zwei weitere Problem-Nahrungsmittel haben es ebenfalls aufs Treppchen der unbeliebtesten Gesellen unseres Mikrobioms geschafft.

Weizen – beliebtes Grundnahrungsmittel mit Schattenseiten

Weizen war und ist ein beliebtes Grundnahrungsmittel der Menschheit. Jedoch ist der heutige Weizen, den wir verzehren, nicht mehr vergleichbar mit dem Weizen, den unsere Großeltern gegessen haben. Um die Ernteerträge zu steigern und kostengünstiges Gebäck produzieren zu können, wurde der Weizen genetisch verändert und sein Glutenanteil (Klebereiweiß) beträchtlich gesteigert. Das im Weizen enthaltene Gluten wird als Gliadin bezeichnet. Weizen und auch andere glutenhaltige Getreidearten wie Einkorn, Emmer, Kamut, Dinkel, Grünkern, Gerste oder Roggen waren für uns Menschen immer schwer verdaulich. Deshalb wurde Getreide auch immer ausgesiebt und mit Sauerteig angesetzt, um es für uns Menschen leichter verdaulich zu machen. Heute nehmen sich die wenigsten Bäcker noch Zeit für eine zeitintensive Sauerteigführung. Viele Menschen sind außerdem nicht bereit, den Preis für diesen Mehraufwand zu bezahlen. Dürfte unser Darm ein

Wörtchen mitreden, würde er bestimmt anders entscheiden. Gliadin gilt als Hauptauslöser von Gluten-Unverträglichkeit und als Verursacher von neurologischen Erkrankungen, Migräne, ADHS, Depressionen und entzündlichen Muskelerkrankungen. Weizen enthält abgesehen von Gliadin noch weitere schwer verdauliche Stoffe wie Weizenkeim-Agglutinin und Amylase-Trypsin-Inhibitoren – allesamt Proteine, die unser Verdauungssystem nicht vollständig aufspalten kann. Die Folgen können Entzündungen an der Darmschleimhaut und ein Leaky Gut sein. Sie sind abhängig davon, wie häufig, wie viel und in welcher Qualität wir Weizen zu uns nehmen. Bei gelegentlichem Genuss von glutenhaltigem Getreide wird unser Darm schon damit fertig. Tatsächlich gibt es auch Menschen, die glutenhaltiges Getreide vertragen und das enthaltene Gluten unverdaut einfach ausscheiden. „Bewusst mit Genuss" ist die Devise –vorausgesetzt Sie leiden nicht schon unter Verdauungsstörungen, Sodbrennen, Nahrungsmittelallergien und -unverträglichkeiten, Migräne oder an einer Autoimmunerkrankung. Denn dann ist es eine Überlegung wert, in Ihrer Ernährung eine Zeit lang auf Weizen oder auch allgemein auf glutenhaltiges Getreide zu verzichten.

Kuhmilch – macht Milch müde Männer munter?

Eine dritte und bedeutende unbeliebte Gesellin unseres Mikrobioms ist die Kuhmilch. Und ich spreche in diesem Zusammenhang nicht von der allseits bekannten Laktoseintoleranz. Diese ist dem Fehlen des Verdauungsenzyms Laktase geschuldet, welches dafür verantwortlich ist, dass wir Milchzucker ohne Probleme verdauen können. Naturgewollt ist die Milch von Kühen den Kälbern und die Milch von Menschen den Säuglingen vorbehalten. So überrascht es nicht, dass wir Menschen mit dem Erwachsenwerden mit wenigen Ausnahmen nicht mehr ausreichend Laktase produzieren können. Von Laktoseintoleranz betroffene Menschen kennen die Symptome wie zum Beispiel Blähungen, Bauchkrämpfe und Durchfall nach dem Genuss von Milch nur zu gut.

04

Weniger verbreitet ist das Wissen über die Auswirkungen eines gewissen Inhaltsstoffes in der Milch und damit auch in Milchprodukten: nämlich Kasein. Bei Kasein handelt es sich um Kuheiweiß. Durch eine spontane Mutation der Rinderrassen vor ca. 2000 Jahren kam es zu einer genetischen Veränderung der Eiweißstruktur. Die Kühe gaben danach mehr Milch, deren Verträglichkeit für uns Menschen verschlechterte sich jedoch. Das „Ur-Eiweiß", auch A2-Beta-Kasein genannt, veränderte sich zu A1-Beta-Kasein. Dieses wird während des Verdauungsprozesses in Kasomorphin, ein Lektin-ähnliches Eiweiß umgewandelt. Das Wort Morphin (Bestandteil von Opium) steckt nicht umsonst in Kasomorphin. Denn Morphin wirkt schmerzstillend und beruhigend. Sollten Sie unter Verstopfung leiden, dann beobachten Sie Ihren Milchproduktekonsum. Dieser kann ein Auslöser dafür sein. Darüber hinaus wird A1-Beta-Kasein mit dem Leaky Gut, chronischen Entzündungsprozessen im Körper und mit dem Ausbruch von Typ-1-Diabetes in Verbindung gebracht. Dass Bakterien gute Vorarbeit leisten können und uns wohlgesonnen sind, zeigt sich zum Beispiel dadurch, dass milchgesäuerter Topfen besser verträglich ist als zum Beispiel sein Ausgangsprodukt Milch. Durch die Zugabe von etwas Lab, einem Enzym, das für die Gerinnung der Milch verantwortlich ist, wird das enthaltene Kasein in seiner Struktur verändert. Die Wissenschaftlerin Johanna Budwig nutzte die positiven Effekte des Topfens vor allem in Verbindung mit Leinöl. Mit ihrer Öl-Eiweiß-Kost beziehungsweise Topfen-Leinöl-Creme unterstützte sie sehr viele Menschen bei ihrer Genesung von klassischen Zivilisationskrankheiten wie Diabetes, Herz-Kreislauf- und entzündlichen Erkrankungen.

Anti-Nährstoffe – Pflanzenschutzstoffe im Fokus

Normalerweise gilt der Spruch: „Alle guten Dinge sind drei." Heute mache ich eine Ausnahme. Es liegt mir am Herzen, Ihre Aufmerksamkeit in Vertretung unserer Darmgesundheit und unserer Mitbewohner auf besondere Pflanzenstoffe zu lenken. Denn besonders für Menschen mit chronischen Erkrankungen, entzündlichen Darm- oder Autoimmunerkrankungen können diese von Bedeutung sein. Wissen ist Macht, wie man so schön sagt. Es handelt sich um Anti-Nährstoffe.

Anti-Nährstoffe sind Schutzstoffe, die vor allem Pflanzen bilden, um sich vor Fressfeinden zu schützen. Sie wirken als natürliche Pestizide und halten Krankheitserreger wie Bakterien und Pilze fern.

Die wichtigsten Anti-Nährstoffe sind unter anderem:

Saponine (unter anderem in Kichererbsen, Quinoa, Soja, Linsen und Kartoffeln enthalten),

Tannine (unter anderem in Weintrauben, Lima-Bohnen, Quitten, bei langer Ziehzeit in schwarzem und grünem Tee enthalten),

Phytinsäure (unter anderem in Weizen-, Gersten- und Roggenkleie, Mais, Soja, Erdnüssen und weißen Bohnen enthalten),

Oxalate (unter anderem in Rhabarber, Spinat, Mangold, roten Rüben, Kakao und Heidelbeeren enthalten),

Alkaloide (unter anderem in Nachtschattengewächsen wie Kartoffeln, Tomaten, Paprika und Auberginen enthalten),

Amylase-Trypsin-Hemmer (unter anderem in den Schalen der modernen Getreidesorten, allen voran Vollkornweizen, Soja und Buchweizen enthalten)und

Lektine (unter anderem in Vollkorngetreide, hier vor allem in Weizenkeim-Agglutinin, Hülsenfrüchten, Linsen, Bohnen, Erbsen, Erdnüssen, Vollkornreis und Mais enthalten).

All diese Anti-Nährstoffe stehen unter Verdacht, Verdauungsenzyme zu hemmen, Entzündungen auszulösen, die Darmbarriere anzugreifen und damit einem Leaky Gut und im schlimmsten Fall einem Leaky Brain Vorschub zu leisten. Für einen gesunden Menschen mit einem gesunden Verdauungssystem stellen sie grundsätzlich kein Problem dar. Einzig problematisch kann es werden, wenn wir Lebensmittel mit einem hohen Anteil an Anti-Nährstoffen zu oft, in zu großer Menge, unreif oder nicht optimal zubereitet zu uns nehmen. Ein Beispiel dazu liefert mir meine Tochter, die das ganze Jahr über Tomaten isst. Ich glaube, jeder von uns weiß, welch einen Unterschied es macht, ob wir sonnengereifte Tomaten aus Österreich im Sommer essen oder Glashaustomaten aus Spanien im Winter. Aber nicht nur der Geschmack macht einen Unterschied, sondern auch der Gehalt an Anti-Nährstoffen. Denn unreife Tomaten enthalten mehr Anti-Nährstoffe als aus- und sonnengereifte Exemplare. Sich saisonal und regional zu ernähren, macht nicht nur im Zusammenhang mit Anti-Nährstoffen Sinn, sondern hilft uns dabei, mehr Abwechslung in unseren Speiseplan zu bringen. Auch die Zubereitung stellt einen wichtigen Aspekt dar, wenn es um die Verträglichkeit anti-nährstoffreicher Lebensmittel geht. So können wir zum Beispiel durch das Kochen von Kartoffeln und Hülsenfrüchten (mit vorherigem Einweichen) im Druckkochtopf fast alle Anti-Nährstoffe unschädlich machen. Auch das Schälen und Entkernen von Tomaten und Paprika hilft darmgeschädigten Menschen dabei, diese Lebensmittel ohne Beschwerden essen zu können. Das Lektin im Weizen (Weizenkeim-Agglutinin) ist hitzebeständig und kann daher nur mit Hilfe von Bakterien unter Fermentation unschädlich gemacht werden.

Der Griff zu einem qualitativ hochwertigen Sauerteigbrot wird dann zum Goldgriff der Verträglichkeit für unser Mikrobiom.

Nicht immer muss ein Anti-Nährstoff hinter einer Nahrungsmittelunverträglichkeit oder einer Verdauungsstörung stehen. Oft sind wir Menschen selbst Verursacher für unsere gesundheitlichen Probleme. Wir essen zu schnell, zu oft, zu viel, das Falsche oder auch zu stark verarbeitete und damit unnatürliche Nahrungsmittel. Das macht auch der stabilste und gesündeste Darm irgendwann nicht mehr mit. Die Rechnung müssen dann wir begleichen.

Fazit: Ich möchte auf keinen Fall Lebensmittel in GUT oder BÖSE einteilen. Vielmehr möchte ich dahingehend sensibilisieren, dass wir aufmerksamer werden und beobachten sollten, ob wir denn ein für uns Menschen artgerechtes Leben führen und uns artgerecht ernähren. Warum artgerecht? Ganz einfach: Unser Mikrobiom mit allen wohlwollenden und allen uns weniger gutgesinnten Helfern unterliegt den Gesetzen der Natur. Wir selbst auch. Nur nehmen wir zu oft keine Rücksicht darauf und füttern unsere Darmbakterien mit Nahrung, die unnatürlich ist und damit nicht gerade für ein gut gelauntes Miteinander im Darm sorgt. Und schon gar nicht für einen glücklichen Darm und einen sich im Gleichgewicht befindlichen Menschen. Es lohnt sich für unser Wohlbefinden, unsere Vitalität sowie unsere Leistungs- und Widerstandsfähigkeit auf ganzer Linie, Verantwortung für die eigene Darmgesundheit und die Unterstützung der fleißigen Untermieter zu übernehmen.

Worauf ich seit meiner Darmsanierung achte, und was mir auch den gewünschten Erfolg einer stabilen Darmgesundheit gebracht hat, habe ich Ihnen im nächsten Kapitel zusammengefasst.

04

Verwöhnungsprogramm für den Darm

Wie Sie Ihre Bakterienhelden stärken – für Vitalität und ein gutes Bauchgefühl

Wie wir uns ernähren, hat großen Einfluss darauf, ob sich gesunde Darmbakterien - Superhelden – in unserem Darm wohlfühlen. Ob sie in einer großen Anzahl und Artenvielfalt vorhanden sind, eine reibungslose Verdauung garantieren und dafür sorgen, dass wir uns vital und leistungsfähig fühlen.

Allem voran sollte unser Speiseplan so abwechslungsreich und so bunt wie möglich sein. So unterstützen wir ein artenreiches Mikrobiom mit vielen verschiedenen „Fachkräften". Diese unterscheiden sich zwar alle durch ihre Bedürfnisse, haben jedoch alle ein Recht darauf, den richtigen Treibstoff zu bekommen, um ihre Aufgaben in unserem Stoffwechsel tatkräftig zu erfüllen. Eine anti-entzündliche Ernährung unterstützt einen reibungslosen Verdauungsvorgang, stärkt unser Immunsystem und führt zu einem ausgeglichenen Hormonsystem. Nun möchte ich Sie nicht länger auf die Folter spannen…

Was benötigt ein glücklicher Darm aus meiner Sicht?

Allgemein: Ernähren Sie sich bevorzugt regional, saisonal und von naturbelassenen Lebensmitteln aus biologischem Anbau. Kochen Sie selbst, dann wissen Sie auch, was Sie essen. Meiden Sie künstliche Zusatzstoffe und zugesetzten Zucker in Fertignahrungsmitteln. Meiden Sie Süßstoffe und Transfette, welche die Darmschleimhaut entzündlich verändern können. Reduzieren Sie Ihren Zuckerkonsum. Ernähren Sie sich bevorzugt pflanzlich, das heißt von viel Gemüse, zuckerarmem Obst, Salaten, Kräutern, Nüssen, Samen, Pilzen und Hülsenfrüchten in Kombination mit hochwertigem Eiweiß aus dem Fleisch von artgerecht gehaltenen und gefütterten Tieren, von Geflügel, von Fisch aus nachhaltigen Quellen, Eiern, Käse (von Schaf und Ziege) und Topfen aus biologischer Landwirtschaft. Vor allem dunkelgrünes Gemüse und Salate wie zum Beispiel Brokkoli, Kohlsprossen, Spinat, Rucola und andere zeichnen sich durch einen hohen Gehalt an Chlorophyll, dem grünen Pflanzenstoff, aus. Dieser Pflanzenstoff ähnelt unserem Blutfarbstoff und hilft dabei, unsere roten Blutzellen für eine optimale Sauerstoffversorgung aufzubauen. Gesunde Fette und Öle wie zum Beispiel natives, kaltgepresstes Olivenöl, Leinöl, Walnussöl, Kürbiskernöl, Kokosöl aber auch Butter und Butterschmalz (Ghee) sollten täglich einen Stammplatz in Ihrem Speiseplan haben. Nicht nur dass sie uns lange satt machen, liefern sie uns auch wertvollen Treibstoff für unsere Körperzellen und darüber hinaus essenzielle fettlösliche Vitamine (A, D, E, K). Achten Sie auch hier auf Qualität und Naturbelassenheit. Halten Sie den Anteil an Sättigungsbeilagen wie Nudeln, Kartoffeln, Brot und Reis gering und passen Sie diese an Ihren Energiebedarf an. Ergänzen Sie Ihren Speiseplan täglich mit fermentierten Lebensmitteln: mit frischem Sauerkraut, Kimchi, Kombucha, Kefir und milchsauervergorenem Gemüse. Eine Ausnahme gibt es: Sollten Sie an einer Histamin-Unverträglichkeit leiden, sind fermentierte Nahrungsmittel nicht für Sie geeignet, da sie größere Mengen an Histamin enthalten und Ihre Beschwerden verschlechtern können. Um Ihre Darmgesundheit ins Gleichgewicht zu bringen, sollten Sie am besten auf medizinisch relevante Probiotika ausweichen.

Kauen: Die Verdauung beginnt nicht erst im Darm. Nehmen Sie sich daher Zeit zum Essen. Kauen Sie jeden Bissen Ihrer Mahlzeit ausgiebig, bevor Sie ihn schlucken. „Gut gekaut, ist halb verdaut!“ Der gebildete Speichel dient unseren Darmbakterien als Futter. Wäre doch schade, wenn Sie darauf verzichten müssten. Verfügen Sie über eine kraftvolle Verdauung im Magen, so ist das die halbe Miete. Sollten Sie das Gefühl haben, ein „Verdauungsschwächling“ zu sein, - damit meine ich, dass Sie den Verdacht haben, zu wenig Magensäure zu produzieren –, dann lohnt es sich, einen Versuch mit einfachen Mitteln zu wagen. Starten Sie mit einem großen Glas Wasser in den Tag, in welches Sie den Saft einer halben Zitrone geben. Trinken das Getränk noch vor dem Frühstück. Auch fermentierte Pflanzen- und Kräuterelixiere eignen sich sehr gut, um die Verdauungssäfte zu verbessern.

Mahlzeitenfrequenz: Wann immer wir Nahrung zu uns nehmen, reagiert unser darmassoziiertes Immunsystem mit einer leichten physiologischen Entzündung - von der Natur gewollt und gut gemeint, damit wir eventuell für uns unverträgliche Lebensmittel so schnell wie möglich wieder aus unserem Magen befördern. Aufgrund dieser genetischen Prägung ist es von Vorteil, nicht unentwegt zu snacken. Unser Stoffwechsel ist bis heute noch geprägt wie zu Urzeiten. Damals war Essen nicht ständig verfügbar. Zwischen den Mahlzeiten lagen oftmals sehr lange Pausen.

Drei Mahlzeiten pro Tag: Essen Sie dreimal täglich und lassen Sie zwischen den Mahlzeiten vier bis sechs Stunden Abstand. Ihr Körper braucht diese Zeit, um die aufgenommenen Nährstoffe zu verarbeiten, neue Verdauungssäfte zu bilden, eventuell angesammelte Fettdepots zu verbrennen und Energie optimal bereitzustellen. Der Verdauungsvorgang benötigt 40 Prozent unserer Energie. Wenn wir nicht ständig am Verdauen sind, bleibt uns mehr Energie für andere wichtige Stoffwechselvorgänge. Sollten Sie zwischen den Mahlzeiten starken Hunger verspüren, können Sie ein paar Nüsse und ein Stück Obst essen. Diese belasten nicht und halten den Blutzucker stabil.

Fünf Mahlzeiten pro Tag: Nehmen Sie fünf Mahlzeiten zu sich, wenn Sie sich viel bewegen und nur kleine Mahlzeiten zu sich nehmen können. Um einen dauerhaft zu hohen Insulinspiegel zu vermeiden, achten Sie auf eine ballaststoffreiche Ernährung. Auch Menschen mit einer ihnen bekannten Nebennierenschwäche profitieren von fünf Mahlzeiten täglich. So bleibt der Blutzucker stabil und die Nebennieren werden entlastet.

Intervallfasten hilft dem Darm und wirkt wie eine Verjüngungskur

Intervallfasten - 16:8: Um die Nahrungsfrequenz zu verringern, hat sich das intermittierende Fasten nach der 16:8-Methode (16 Stunden ohne, acht Stunden mit Nahrungsaufnahme) bewährt. So wird unser Verdauungssystem entlastet und stattfindende Reparaturarbeiten in den Zellen wirken wie eine Verjüngungskur. Da wir Giftstoffe unter anderem im Körperfett einlagern, können wir diese durch das Intervallfasten loswerden. Die positive Wirkung auf unseren Stoffwechsel und unsere Darmgesundheit stellt sich schon bei zwei- bis dreimaligem Intervallfasten pro Woche ein. Langfristiges und tägliches Auslassen einer Mahlzeit kann dazu führen, dass unser Stoffwechsel seinen Energiebedarf runterfährt und zum Speichermedium wird, sobald wir wieder mehr essen.

Vertrauen Sie Ihrem Körper und achten Sie bei der Mahlzeitenfrequenz auf Ihr Hunger- und Sättigungsgefühl!

Jeder Mensch ist einzigartig. Daher reagieren wir auch unterschiedlich auf bestimmte Nahrungsmittel. Laut Ernährungswissenschaftlern gibt es jedoch Gruppen von Lebensmitteln, die in unserem Darm häufiger Probleme verursachen, vom individuellen Stoffwechsel nicht gut verarbeitet werden und zu Störungen in der Darmbarriere führen können. Dazu zählen anti-nährstoff- oder lektinreiche Nahrungsmittel. Schädigungen der Darmbarriere (Leaky Gut) zählen zu den Hauptursachen für Nahrungsmittelunverträglichkeiten und Allergien.

Anti-Nährstoffe und Lektine: Als Anti-Nährstoffe bezeichnen wir Inhaltsstoffe, mit welchen sich Pflanzen vor Fressfeinden und Krankheitserregern wie Bakterien und Pilzen schützen. Durch den regelmäßigen Verzehr dieser Stoffe über die Nahrung können Verdauungsenzyme gehemmt, die Darmbarriere gestört und Entzündungen ausgelöst werden. Davon habe ich schon erzählt. Hier noch einige Details.

Zur Entlastung Ihrer Verdauungsorgane und zur Stärkung Ihrer Darmbarriere beachten Sie bitte folgende Empfehlungen:

Essen Sie wenig Brot. Wenn Sie Brot essen, dann bitte Sauerteigbrot, das einer langen Teigreifung unterzogen wurde. Denn dabei werden Anti-Nährstoffe und Lektine von Bakterien fermentiert und damit unschädlich gemacht. Bitte essen Sie keinen Vollkornweizen, da der heutige Industrieweizen einen sehr hohen Anteil an Anti-Nährstoffen aufweist.

Sie können jede Sorte Reis essen. Wegen der enthaltenen Anti-Nährstoffe sollten Sie allerdings keinen Vollkornreis essen. Nicht umsonst schält die asiatische Bevölkerung seit Menschengedenken ihr Grundnahrungsmittel, den Reis.

Kochen Sie Hülsenfrüchte und Kartoffel im Dampfdruckkochtopf.
Auf diese Weise werden die enthaltenen Anti-Nährstoffe neutralisiert beziehungsweise für das Verdauungssystem unschädlich gemacht.

Bitte schälen und entkernen Sie Tomaten und Paprika, da in der Schale und in den Kernen vermehrt Lektine enthalten sind. Seitdem ich diese Empfehlungen in meine Ernährungsgewohnheiten integriert habe, sind gegrillte, enthäutete und mit Olivenöl, Zitronensaft, Salz und Knoblauch marinierte Paprikaschoten mein Leibgericht. Ein Gaumenfeuerwerk! Probieren Sie es aus!

Essen Sie nur sonnengereifte Früchte.
Denn nur dann sind diese lektinarm.

Essen Sie wenig Mais und Soja. Auch hier wurde gentechnisch nachgeholfen, um die Erträge und die Widerstandskraft der Pflanzen zu steigern.

Weiters: Konsumieren Sie bevorzugt Schaf- und Ziegenmilch und A2-Kuhmilch oder Pflanzendrinks. Essen Sie weder Fisch noch Fleisch von Rind, Schwein und Huhn aus Massentierhaltung (Mastfleisch).

Qualität vor Quantität!

Ballaststoffe (Präbiotika):): Ballaststoffe sind Bestandteile in Nahrungsmitteln, die von unserem Verdauungssystem enzymatisch nicht zerlegt werden können. Sie dienen jedoch als Futter für unsere Superhelden im Dickdarm, für die gesunden Darmbakterien. Gut gefüttert, steigt ihre Artenvielfalt. Mit den von den gesunden Darmbakterien gebildeten Stoffwechselprodukten, den kurzkettigen Fettsäuren (Butyrat, Acetat, Propionat), werden im Darm Entzündungen reduziert und die Darmschleimhaut wird gestärkt. Aber das wissen Sie ja alles schon.

Ein weiterer Vorteil von Ballaststoffen ist, dass sie unseren Blutzucker stabilisieren. Nehmen wir Ballaststoffe zu uns, fühlen wir uns für längere Zeit ausgeglichen und gut mit Energie versorgt. Sie quellen im Darm, fördern so die Darmbewegung und sorgen dafür, dass unser verdautes Essen zeitnah zum Ausgang befördert wird. Ein weiterer Vorteil einer ballaststoffreichen Ernährung ist der Einfluss auf unseren Cholesterinspiegel. Denn Ballaststoffe können überschüssiges Cholesterin im Darm binden. Damit scheiden wir es aus, und es kommt zu keiner Rückresorption. Auch Gallensäuren und Schadstoffe aus dem Darm werden so gebunden und ausgeschieden.

Ballaststoffe finden wir unter anderem in Lebensmitteln wie Hülsenfrüchten, Topinambur, Schwarzwurzel, Lauch, Zwiebeln, Knoblauch, Spargel, Chicorée, Bananen, gemahlenen Flohsamenschalen, Haferflocken und Haferkleie.

Steigern Sie den Ballaststoffanteil in Ihrer Ernährung nur langsam, da es sonst zu Blähungen kommen kann.

Resistente Stärke: Ebenfalls zu den Ballaststoffen zählt resistente Stärke. Diese entsteht, wenn wir Lebensmittel wie zum Beispiel Kartoffel, Nudel, Reis oder Bohnen kochen und sie über Nacht im Kühlschrank abkühlen lassen, bevor wir sie weiterverarbeiten. Seit ich diese Empfehlung berücksichtige, spare ich mir sehr viel Zeit in der Küche. Warum? Ich koche größere Mengen an zum Beispiel Kartoffeln und Reis vor. Den darauffolgenden Tag kreiere ich einfache Gerichte wie etwa Wokgemüse mit Reis oder eine Gemüsepfanne mit gebratenen Kartoffeln. Gut für mich und gut für meine Darmbewohner!

Leider nehmen die meisten Menschen zu wenige Ballaststoffe zu sich. 30 Gramm sollten es täglich schon sein. Wie können wir das schaffen? Einfach klappt dies, indem wir vor den Mahlzeiten zwei- bis dreimal täglich einen Teelöffel Flohsamenschalen in einem Glas Wasser auflösen und trinken. Wenn Sie sich bisher eher ballaststoffarm ernährt haben, dann beginnen Sie mit nur einem Teelöffel täglich und steigern Sie die Menge langsam, um Blähungen zu vermeiden. Folgende Lebensmittel zeichnen sich durch wertvolle präbiotische Ballaststoffe aus: Spargel, Topinambur, Karotten, Artischocken, Porree, Chicorée, Pastinaken, Zwiebeln und Knoblauch.

Bitterstoffe: Um Nahrungsmittel gut verarbeiten zu können, benötigt der Darm ausreichend Sekrete (Enzyme) von Magen, Leber/Galle und Bauchspeicheldrüse. Ist eine oder sind mehrere dieser Verdauungsdrüsen geschwächt, hat dies Auswirkungen auf unseren Darm. Bitterstoffe wie sie unter anderem in Rucola, Löwenzahn, Artischocken, gelbem Grapefruit, Chicorée, Radicchio, Kren, Kurkuma, Thymian und Rosmarin enthalten sind, können helfen, die Produktion von Verdauungssäften anzukurbeln. Versuchen Sie daher, täglich einen Bitterstoffanteil in Ihre Ernährung zu integrieren.

Flüssigkeitszufuhr/Entgiftung: Für eine gut funktionierende Verdauung, einen gesunden Stoffwechsel und zur Unterstützung der Entgiftung benötigen wir täglich 30 bis 40 Milliliter Wasser pro Kilogramm Körpergewicht. Wasser ist der beste Durstlöscher, den uns die Natur bereitstellt. Natürlich darf es auch ungezuckerter Kräutertee sein. Wasser ist und bleibt jedoch DAS Lebenselixier für unseren Organismus. Am besten trinken Sie es über den Tag verteilt und nicht zu den Mahlzeiten. So bleibt die Magensäure unverdünnt und Sie profitieren von einer besseren Eiweißverdauung.

Bewegung: Bleiben Sie in Bewegung. Sportliche Betätigung fördert ein vielfältiges Mikrobiom. Schon tägliches 30-minütiges flottes Spazierengehen wirkt sich positiv auf die Zusammensetzung unseres Mikrobioms aus.

Entspannung: Wie wichtig Entspannung im Alltag ist, erkennen wir oft erst dann, wenn unsere Verdauung aufgrund von Dauerstress nicht mehr optimal funktioniert. Blähungen, Stuhlunregelmäßigkeiten wie Verstopfung oder Durchfall können erste Anzeichen sein, dass unser vegetatives Nervensystem durch Dauerstress in Alarmbereitschaft versetzt ist. Die Mikrobiomforschung zeigt, wie Darm und Gehirn zusammenhängen und welche Auswirkungen Dauerstress nicht nur auf die Darmtätigkeit, sondern auch auf die Zusammensetzung der Darmbakterien hat. Im Kapitel „Darm-Hirn-Achse“ bin ich näher darauf eingegangen.

Um einer Durchlässigkeit der Darmschleimhaut durch Dauerstress entgegenzuwirken, suchen Sie sich Entspannungsrituale, die Sie täglich durchführen können. Bewährt haben sich Entspannungstechniken wie zum Beispiel autogenes Training, Yoga, Qigong und Thai Chi. Aber auch mehrmaliges bewusstes und tiefes Ein- und Ausatmen (tiefe Bauchatmung) können ein überlastetes Nervensystem beruhigen. Gute Darmbakterien können uns in Phasen besonderer Belastung und im besseren Umgang mit Stresssituationen unterstützen. Stärkungsmittel, die ich in herausfordernden Zeiten bevorzuge, sind mediterrane Kräuter wie Rosmarin, Oregano und Salbei. Die enthaltene Rosmarinsäure hat eine stark anti-oxidative Wirkung und schützt vor freien Radikalen. Dabei handelt es sich um aggressive Sauerstoffverbindungen, die in unserem Organismus bei chronischem Stress und starker körperlicher Belastung entstehen. Im Sommer kommen die genannten Kräuter täglich in oder auf mein Essen. Im Winter verwende ich sie getrocknet oder bediene mich einer Nahrungsergänzung aus Oregano. Ich habe damit sehr gute Erfahrungen gemacht, wenn meine Lungenfunktion eingeschränkt ist, wie zum Beispiel bei einem Infekt. Schon eine halbe Stunde nach der Einnahme der Kräuter spüre ich eine Verbesserung. Ich kann tiefer und befreiter durchatmen.

Schlaf: Chronischer Schlafmangel führt zu einer Veränderung unseres Darmmikrobioms. Auch Zellregeneration und Entgiftungsprozesse können nicht optimal ablaufen. Schlafforscher empfehlen sieben bis acht Stunden Schlaf pro Nacht. Wie viel Schlaf Sie benötigen, um erholt und aktiv in den Tag zu starten, können nur Sie selbst herausfinden. Versuchen Sie einen passenden Schlafrhythmus für sich zu finden, indem Sie abends regelmäßig zur gleichen Zeit ins Bett gehen und morgens zur gleichen Zeit aufstehen. Schaffen Sie optimale Bedingungen wie etwa ein abgedunkeltes Schlafzimmer, eine Nachttischlampe mit gedämpftem Licht und eine Zimmertemperatur von 17 bis 19 Grad Celsius.
Je gesünder unser Mikrobiom, desto mehr Freude haben wir am Essen. Desto vielseitiger können wir uns ernähren und aus einer Vielfalt an Nahrungsmitteln schöpfen. Ernähren wir uns über einen längeren Zeitraum schlecht und damit nicht artgerecht, führt die entstandene Dysbiose meist zu Unverträglichkeiten. Erst einmal zu einer, und wenn wir ernährungs- und lebensstiltechnisch nicht rechtzeitig die Kehrtwende machen, dann folgen weitere. Oft beginnt hier ein Teufelskreislauf, der zu immer mehr Einschränkungen, Beschwerden sowie Entzündungen führt und einem die Freude am Essen gewaltig verderben kann. Überprüfen Sie Ihre Ernährungsgewohnheiten und verändern Sie diese gegebenenfalls Schritt für Schritt im Einklang mit einem

guten Bauchgefühl. Sollten Sie schon an Verdauungsstörungen, Unverträglichkeiten oder Ähnlichem leiden, dann denken Sie darüber nach, ob eine Symbioselenkung oder Darmsanierung unter Begleitung eines erfahrenen Ganzheitsmediziners oder Heilpraktikers mit Schwerpunkt Darmgesundheit für Sie in Frage kommt.

Darmschmeichler unter den Nahrungsmitteln

Wie der richtige Input für einen optimalen Output sorgt

Bevor ich Ihnen einige bakterien- und darmfreundliche Rezepte an die Hand gebe, möchte ich noch meine absoluten Lieblinge unter den Darmschmeichlern aber auch sinnvolle Nahrungsergänzungen vorstellen. Diese sind für die „Instandhaltung" oder „Restaurierung" des Darms von Bedeutung.

And the winner is...

L-Glutamin: Die Aminosäure L-Glutamin ist DER Nährstoff für unsere Darmschleimhautzellen. Sie finden diese Aminosäure in größeren Mengen in tierischen Produkten wie Rindfleisch, Geflügel, Fisch und Milchprodukten. Seit meiner Darmsanierung steht in meinem Kühlschrank immer ein Glas Bio-Knochenbrühe vom Rind oder Huhn. Knochenbrühe ist reich an L-Glutamin aber auch an Kollagen und wertvollen Mineralstoffen. Sie dient daher nicht nur dazu, meinem Darm zu schmeicheln, sondern sorgt auch dafür, dass ich ausreichend Mineralstoffe zu mir nehme. Der Blick in den Darm ist mir selbst verwehrt. Jedoch habe ich bemerkt, dass der regelmäßige Genuss der Knochenbrühe meiner Haut und meinen Haaren gut tut. Einen weiteren Benefit von L-Glutamin möchte ich Ihnen nicht vorenthalten: Es dient der Herstellung von Glutathion in unserem Körper. Glutathion benötigen wir in unserem Organismus für eine effiziente Entgiftung. Wenn Sie Knochenbrühe aus ethischen oder geschmacklichen Gründen nicht mögen, können Sie L-Glutamin auch in Form einer Nahrungsergänzung zu sich nehmen. Bei einem diagnostizieren Leaky Gut kann es sinnvoll sein, diese Aminosäure konzentriert in einer therapeutisch wirksamen Dosierung zu ergänzen. So kann ein Mangel dieser wichtigen Aminosäure schnell und einfach ausgeglichen und die Regeneration der Darmschleimhaut gefördert werden.

04

Zweitplatziert, aber als Darmschmeichler nicht weniger beliebt bei mir…

Resistente Stärke: Ich habe schon erwähnt, dass resistente Stärke beim Erhitzen von Sättigungsbeilagen wie Kartoffeln, Reis und Nudeln entsteht und dafür sorgt, dass unsere Butyrat-bildenden Bakterien ihr Lieblingsfutter erhalten. Die von ihnen produzierten kurzkettigen Fettsäuren, allen voran Buttersäure, nähren unsere Darmschleimhaut und helfen, unser darmassoziiertes Immunsystem auszubalancieren und damit stille Entzündungen zu bekämpfen. Mir ist bewusst, dass ich mich wiederhole. Aber aufgrund der Wichtigkeit dieses Wissens bin ich der Meinung, dass all das nicht oft genug erwähnt, werden kann. Sollten Sie oft unterwegs sein und nur selten kochen, so können Sie selbstverständlich zu einer medizinisch geprüften natürlichen Ballaststoffquelle greifen, um so ein Ballaststoffdefizit in Ihrer Ernährung auszugleichen. Achten Sie dabei auf eine ausreichende Flüssigkeitszufuhr.

Noch unter den ersten drei…

Butterschmalz (Ghee): Bei Butterschmalz oder ayurvedischem Ghee handelt es sich um geklärte Butter, bei welcher das Milcheiweiß entfernt wurde. Dadurch ist sie auch für Milchallergiker gut geeignet. Sie enthält viel Buttersäure (Butyrat) und schmeichelt damit unseren Darmschleimhautzellen. Butterschmalz kann sehr gut zum Anbraten verwendet werden. Täglich landet ein Kaffeelöffel dieses Darmschmeichlers in meinem warmen Porridge.

Kein Stockerlplatz mehr für meine ebenso beliebten Darm-schmeichler und Verdauungshelfer...

Apfel: „An apple a day keeps the doctor away" – ein altbekannter Ratschlag, welcher allerdings immer wieder in Vergessenheit gerät, vor allem durch die Informationsflut über Superfoods aus fernen Ländern und deren Wirkungen. So haben wir mit der Zeit den Glauben daran verloren, dass auch Lebensmittel, die schon unsere Großeltern gegessen haben, als regionale Superfoods unsere Gesundheit genauso gut, wenn nicht sogar besser, unterstützen können. Dabei liefert ein Apfel eine Vielfalt an Vitalstoffen und sekundären Pflanzenstoffen

(Polyphenole) wie zum Beispiel Vitamin C, Vitamin A, B-Vitamine, Magnesium, Kalzium, Kalium, Zink, Chrom, Quercetin, Carotinoide und viele mehr. Warum nun der Apfel bei meinen beliebten Darmschmeichlern gelandet ist, liegt nicht nur an seinen wertvollen Vitalstoffen, sondern im Besonderen an den darin enthaltenen Ballaststoffen Apfelpektin und Zellulose. Besonders Apfelpektin füttert unsere „Schlankmacher-Bakterien", welche zu den Bacteroidetes-Bakterien zählen. Wenn Sie mit Leichtigkeit schlank bleiben, obwohl Sie beim Essen des Öfteren über die Stränge schlagen, kann es daran liegen, dass Sie diese Figurfreundlichen Bakterien vermehrt in Ihrem Darm beherbergen.

Papaya: Um meine Verdauungshelfer zu unterstützen, genieße ich nach einer Mahlzeit gerne ein Stück Papaya. Das natürliche Enzym Papain in der Papaya unterstützt die Eiweißverdauung. Bei einem Magensäuremangel erweist sich dieses Enzym als unentbehrlich.
Auch ein Stück Ananas (mit dem Enzym Bromelain) hat solch eine verdauungsfördernde Wirkung. Da sonnengereifte Papayas nicht immer zur Verfügung stehen, habe ich ein konzentriertes Mus aus sonnengreiften Bio-Papayas in einem handlichen Stick für mich entdeckt, das in meiner Handtasche auf seinen Einsatz wartet. Tiefgekühlt hat es sich in meinem Bekanntenkreis sogar schon als ungezuckerte Nascherei für Kinder bewährt.

Kräuter: Oregano, Thymian, Rosmarin und Salbei – allesamt Kräuter, die ich in meinem Garten angepflanzt habe und die täglich ihren Platz auf meinem Teller finden. Da die Lebensmittelindustrie aus vielen unserer Nahrungsmittel die Bitterstoffe herausgezüchtet hat, mangelt es uns in der Regel an diesen wertvollen sekundären Pflanzenstoffen. Unsere Verdauungsorgane, insbesondere die Leber, die Bauchspeicheldrüse und unsere Darmbakterien, warten oftmals vergeblich auf diese Leckerbissen. Haben Sie schon einmal Salbeiblätter in gutem Olivenöl frittiert und über ein Reisgericht gestreut gegessen? Wenn nicht, dann probieren Sie es bitte aus. Ich bin mittlerweile süchtig danach.
Wie schon erwähnt, können Sie, wenn Sie bittere Salate oder Kräuter

gar nicht essen möchten, Ihre Verdauungsorgane Magen, Darm, Leber und Bauchspeicheldrüse zumindest kurmäßig mit Tropfen oder Kapseln aus Bitterstoffen bei ihren Verdauungs- und Entgiftungsarbeiten unterstützen.

Mit einer ausgewogenen, darmfreundlichen Ernährung können Sie viel für ein gesundes, im Gleichgewicht befindliches Mikrobiom und einen glücklichen Darm tun. Wichtig dabei ist es, am Ball zu bleiben und wirklich täglich darmfreundliche Lebensmittel zu sich zu nehmen. So unterstützen und stabilisieren Sie sich aus der Mitte heraus und profitieren von einem hohen Energielevel, guten Abwehrkräften, einer gesunden Verdauung und guter Laune. Versuchen Sie, für Ihr empfindliches Ökosystem Darm potenziell schädliche Einflussfaktoren zu vermeiden. Antibiotika, chronischer Stress, Medikamente wie Magensäurehemmer, Süßstoffe, zu viel glutenhaltiges Getreide, Abführmittel, übertriebene Hygiene aber auch zu viel Nikotin und Alkohol führen unweigerlich zu einer Schädigung der Darmgesundheit.

Nicht nur einmal habe ich im Laufe dieses Buches erwähnt, wie wichtig es ist, unseren Darm mit den richtigen Lebensmitteln zu versorgen, uns artgerecht zu ernähren – für unser Wohlbefinden, unsere Energie, ein gutes Bauchgefühl und für die gute Laune. Essgenuss und Lebensfreude sind eng miteinander verknüpft. Daher habe ich einige sehr schmackhafte und darmfreundliche Rezepte für Sie zusammengetragen. Ich habe es in den Rezepten nicht extra erwähnt, aber achten Sie bitte auf die Qualität der Lebensmittel. Bevorzugen Sie Bio-Lebensmittel und wenn Sie gerne Fleisch essen, achten Sie darauf dass die Tiere, von denen dieses Fleisch stammt, artgerecht gehalten und gefüttert wurden.

Jetzt will ich Sie nicht länger auf die Folter spannen. Bühne frei für LISIS Wohlfühlrezepte. Ich wünsche Ihnen viel Freude beim Zubereiten, viel Essgenuss und Lebensfreude.

Rezepte

...für ein gutes Bauchgefühl

Frühstück

Vitaler Startschuss für unsere winzigen Mitbewohner

Darm-Leber-Detox - Smoothie

Zutaten für 2 Portionen:

2 kleine Bananen
Saft von 2 Orangen
120 g Wildheidelbeeren (gefroren, Bio-Supermarkt)
1 Bund Koriander oder Petersilie
1 Handvoll Blattspinat
1 TL Dulse Algen (Flocken)
1 dünne Scheibe Ingwer (optional)
1 dünne Scheibe Kurkuma (optional)
250 ml Kokoswasser

Zubereitung:

1. Alle Zutaten in einen Hochleistungsmixer geben und ca. 20 Sekunden mixen. Je nachdem, wie cremig oder flüssig Sie den Smoothie haben wollen, geben Sie mehr oder weniger Kokoswasser dazu.

Bitte „kauen“ Sie den Smoothie, damit die Kohlenhydratverdauung im Mund aktiviert wird. Dieser Smoothie wird Sie nicht besonders sättigen. Dafür aber unterstützt er morgens Ihre Leber durch die enthaltenen sekundären Pflanzenstoffe und füttert Ihre glücksbringenden Darmbakterien. Da keine Fette enthalten sind, darf die Leber sich noch entspannen und muss nicht schon morgens für den Verdauungsprozess aktiv werden. Giftstoffe, welche sich in der Nacht angesammelt haben, werden so optimal gebunden und ausgeschieden.

Es grünt so grün - Smoothie

Zutaten für 2 Portionen:

2 kleine Bananen
Saft von 2 Orangen
120 g Mango oder Ananas (sonnengereift, gefroren, Bio-Supermarkt)
½ Bund Petersilie
½ Bund Basilikum
½ Avocado
1 dünne Scheibe Ingwer (optional)
1 dünne Scheibe Kurkuma (optional)
250 ml Kokoswasser

Zubereitung:

1. Alle Zutaten in einen Hochleistungsmixer geben und ca. 20 Sekunden mixen. Auch bei diesem Smoothie die Menge des Kokoswassers so wählen, dass die Konsistenz für Sie angenehm ist.

Diesen Smoothie liebe ich, da er durch die Avocado sehr cremig wird und mit den enthaltenen ungesättigten Fettsäuren und Vitalstoffen für eine schöne Haut sorgt. Das mineralstoffreiche Kokoswasser unterstützt eine optimale Hydrierung unseres Körpers. Die Südfrüchte Ananas und Mango unterstützen mit ihren Enzymen die Verdauung.

Hallo-Morgen-Shake

Zutaten für 2 Portionen:

Saft von 2 Orangen
1 Banane
300 ml reine Buttermilch
2 - 4 EL Haferflocken, Feinblatt
2 TL Leinöl
1 TL Honig oder Ahornsirup
zum Süßen (nur nach Bedarf)
Zimt

Zubereitung:

1. Alle Zutaten bis auf das Leinöl in einen Standmixer geben und mixen.
2. Wenn Sie den Shake etwas flüssiger wollen, einfach etwas Wasser dazugeben oder die Haferflocken am Abend davor mit Wasser vermengen und quellen lassen.
3. Den Shake in zwei Gläser füllen, jeweils 1 TL Leinöl unterrühren, mit Zimt bestreuen und servieren.

Dieser Shake sättigt gut und benötigt wenig Verdauungsenergie. Was bedeutet, dass wir energiegeladen in den Tag starten. Das Beta-Glucan in den Haferflocken kommt gerade recht, um unser Immunsystem zu stärken. Die ballaststoffreichen Haferflocken und das Eiweiß aus der Buttermilch sorgen außerdem für einen konstanten Blutzuckerspiegel. Die ungesättigte Alpha-Linolensäure aus dem Leinöl aktiviert den Stoffwechsel und bringt die Zellkraftwerke in Schwung.

Rezepte

LISIS Wohlfühl-Porridge

Zutaten für 2 Portionen:

250 ml Reisdrink
6 EL Haferflocken, Feinblatt
1 EL rohes Kakaopulver
2 TL Ghee
1 Banane
1 Birne
2 EL Pekannüsse gehackt
Zimt und eine Prise Salz

Zubereitung:

1. Den Reisdrink mit einer Prise Salz, dem Kakao und den Haferflocken zum Kochen bringen und für fünf Minuten leicht köcheln lassen. Immer wieder umrühren, damit der Porridge schön cremig wird.
2. Banane schälen. Die Hälfte davon mit einer Gabel zerquetschen. Die andere Hälfte in Scheiben schneiden. Birne in der Mitte auseinanderschneiden. Die eine Hälfte fein reiben. Die andere Hälfte in Würfel oder Scheiben schneiden.
3. Ghee, zerquetschte Banane und geriebene Birne unter den Porridge heben, in eine Schüssel füllen und mit Zimt bestreuen.
4. Zum Garnieren mit den Bananenscheiben und den Birnenwürfeln belegen und mit den Pekannüssen bestreuen.

Ich muss zugeben, dass mir beim Aufschreiben dieses Rezeptes, welches ich in dieser und auch abgeänderter Form fast täglich esse, das Wasser im Mund zusammenläuft.
Ein warmer Porridge kann uns im Winter sehr gut von innen wärmen. Auch in stressigen Lebenssituationen, in denen wir sehr viel Energie benötigen, liefert er uns Energie in Form von Wärme. Vor allem Ghee dient hier als Nährstoff für unsere Darmschleimhaut und sorgt zugleich für eine lange Sättigung. Bei einem kalten Frühstück müssen wir Energie aufwenden, um die zu uns genommene Nahrung erst einmal

auf Körpertemperatur zu erwärmen. Denken Sie daran, wenn Sie Ihre Frühstücksauswahl treffen.

Basisches Guten-Morgen-Müsli

Zutaten für 2 Portionen:

4 EL Getreideflocken aus
Hirse, Buchweizen und Amaranth
Ca. 250 ml heißes Wasser,
Reis- oder Hirsedrink
6 Walnusskerne zerkleinert
1 EL getrocknete Sauerkirschen
3 EL Schafstopfen oder -joghurt
150 g Zwetschken
1 EL Leinöl
1 TL Honig oder Kokosblütenzucker zum Süßen (nur bei Bedarf)
Zimt

Zubereitung:

1. Zwetschken waschen, entkernen, in Spalten schneiden und in einem Topf mit 1 EL Wasser weich dünsten.
2. Die Getreidemischung mit heißem Wasser, Reis- oder Hirsedrink übergießen und fünf Minuten quellen lassen.
3. Sauerkirschen, Leinöl und den Topfen oder das Joghurt unterheben.
4. Das fertige Müsli in einen Teller geben, den etwas ausgekühlten Zwetschkenröster mit Zimt bestreuen und mit den Walnüssen auf dem Müsli servieren.

Sauer macht lustig aber die Sauerkirsche hat noch mehr zu bieten. Sie soll nicht nur unsere Darm-Gesundheit positiv beeinflussen, sondern auch unsere Merk- und Lernfähigkeit verbessern. Wieder sind es die sekundären Pflanzenstoffe, welche sich anti-oxidativ und antientzündlich auswirken. Mit dem Wissen, dass stille Entzündungen im Darm auch zu einem Entzündungsgeschehen im Gehirn führen können, spricht nichts dagegen, diesen sauren Früchten in unserer Ernährung einen Stammplatz einzuräumen.

Einfaches Zwetschkenmus „Powidl“

Zutaten für 1 Glas à 250 g:

250 g Zwetschken (Pflaumen) getrocknet
2 MS Zimt
1 MS Nelken gemahlen
½ TL abgeriebene Bio-Zitronenschale
Optional ½ TL Honig

Zubereitung:

1. Zwetschken mit den Gewürzen vermengen und über Nacht mit Wasser bedeckt einweichen.
2. Am Morgen etwas von der Einweichflüssigkeit abgießen. Alles pürieren und für die Konsistenz eventuell etwas von dem Einweichwasser wieder hinzufügen.

Zwetschken kann man ohne weiteres als regionales Superfood bezeichnen. Die dunkelgefärbte Schale zeigt einen hohen Gehalt an sekundären Pflanzenstoffen, welche anti-entzündlich wirken. Mit ihrem beachtlichen Ballaststoffgehalt sind sie ein gefundenes Fressen für unsere Glücksbringer-Darmbakterien. Darüber hinaus strotzen Zwetschken nur so vor einem hohen Gehalt an Spurenelementen und Mineralstoffen wie zum Beispiel Kalium. Auch um eine Verstopfung zu lösen, haben sie sich bewährt. Man sollte es bei der Menge allerdings nicht übertreiben, da es sonst zu Durchfall kommen kann. Dieser Aufstrich eignet sich hervorragend als Alternative zu Marmelade oder Fruchtaufstrich. Probieren Sie ihn doch auch einmal mit getrockneten Marillen.

Topfen-Erdbeer-Fruchtaufstrich

Zutaten für 2 Portionen:

100 g Erdbeeren
2 EL Magertopfen
1 EL Leinöl
2 TL Ahornsirup
1 TL gehackte Pistazien

Zubereitung:

1. Erdbeeren putzen, waschen, trocken tupfen und mit einer Gabel zerdrücken. Topfen mit Leinöl verrühren und die Erdbeeren mit dem Ahornsirup unterheben.
2. Fruchtaufstrich großzügig auf ein Dinkel- oder Roggensauerteigbrot streichen und mit gehackten Pistazien bestreuen.
3. Statt Erdbeeren eignen sich auch Himbeeren, Brombeeren oder Heidelbeeren.

Wer wartet im Frühjahr nicht auf die Erdbeerernte? Erdbeeren sind beliebt. Nicht nur kalorienarm und vitalstoffreich, zeigen sie in Studien anti-entzündliche Wirkungen auf unseren Magen-Darm-Trakt. Auch helfen sie dabei, unerwünschte Keime im Darm zu verdrängen und dienen als Futter für unsere guten Darmbakterien.

Topfen und Leinöl – nach Dr. Johanna Budwig als Öl-Eiweiß-Kost bezeichnet – hat schon vielen Menschen geholfen, ihren Zellstoffwechsel zu verbessern. Wenn Erdbeeren Saison haben, lohnt es sich also, sie so oft wie möglich zu genießen.

Bohnen-Aufstrich

Zutaten für 4 bis 6 Portionen:

1 Dose (400 g) Kidneybohnen
1 kleine Zwiebel
20 g Tomatenmark
½ TL Balsamico Essig
¼ TL Paprikapulver edelsüß
Salz, Pfeffer und etwas Chili

Zubereitung:

1. Zwiebel schälen und sehr klein schneiden.
2. Bohnen abgießen und abspülen. In ein hohes Gefäß geben und mit dem Stabmixer pürieren. Tomatenmark, Balsamico Essig und Paprika-pulver unterheben und mit Salz, Pfeffer und Chili abschmecken.

Leider enthalten viele fertige Aufstriche, welche wir im Supermarkt kaufen können, chemische Zusätze und oft auch Konservierungsmittel. Wie wäre es daher, diesen pikanten, leckeren Aufstrich zuzubereiten, von dem Sie genau wissen was darin enthalten ist? Kidneybohnen sind eine hervorragende pflanzliche Eiweißquelle. Sie sättigen und liefern wertvolle Ballaststoffe für unsere Darmbakterien.

Mittagessen

Für Power ohne Müdigkeit

Karottencremesuppe mit gebratenen Knoblauchgarnelen

Zutaten für 4 Portionen:

500 g Karotten
1 große Zwiebel
1 TL Gemüsebrühe ohne Geschmacksverstärker
2 EL Ricotta
250 g Garnelen (geschält, entdarmt)
3 Knoblauchzehen (geschält)
1 EL gehackte Petersilie
1 EL Ghee
Steinsalz + Pfeffer aus der Mühle

Zubereitung:

1. Zwiebel schälen, achteln. Karotten waschen, schälen, in Stücke schneiden und gemeinsam mit der Gemüsebrühe und etwas Salz in einen passenden Topf geben.
2. Nun so viel Wasser hinzufügen, dass das Gemüse gerade eben bedeckt ist und zum Kochen bringen. Nach ca. 15 Minuten die Suppe vom Herd nehmen, den Ricotta hinzufügen und mit einem Stabmixer pürieren.
3. Den Knoblauch durch eine Knoblauchpresse drücken. Garnelen mit Ghee in einer beschichteten Pfanne anbraten. Knoblauch am Ende der Garzeit hinzufügen, damit er nicht zu dunkel wird. Salzen und pfeffern.
4. Die Suppe abschmecken, auf vier Tellern verteilen, mit etwas Petersilie verzieren und mit den Garnelen belegen.

Rezepte

Dass Karotten mit den enthaltenen großen Mengen an ß-Carotin unseren Augen guttun, ist Ihnen sicher bekannt. Für mich zählen Karotten jedoch auch zu den Darmschmeichlern. Die darin enthaltenen Ballaststoffe werden vor allem durch den Kochvorgang gelöst und können in unserem Darm schädliche Mikroorganismen an sich binden. Vielleicht ist Ihnen die Morosche Karottensuppe ein Begriff? Benannt ist sie nach dem Kinderarzt Ernst Moro, welcher damit ein natürliches Heilmittel gegen Durchfall entdeckt hat. Nichts desto trotz, soll sie natürlich schmecken – und das tut sie auch.

Tomaten-Avocado-Hirse-Salat

Zutaten für 2 Portionen:

100 g Hirse (am Vortag gekocht)
250 g Tomaten
1 Avocado
2 Frühlingszwiebeln
1 Bund Petersilie

Für das Dressing:

Saft einer halben Zitrone
1 Knoblauchzehe
3 EL Olivenöl kaltgepresst
1 dünne Scheibe Ingwer (optional)
1 TL Koriander (Gewürz)
1 TL Kreuzkümmel gemahlen
Salz

Zubereitung:

1. Tomaten schälen, entkernen und in kleine Würfel schneiden. Avocado von der Schale befreien, den Kern entfernen und ebenfalls in kleine Würfel schneiden. Petersilie waschen und hacken. Frühlingszwiebel in feine Ringe schneiden. Alles mit der Hirse vermengen.
2. Für das Dressing den Knoblauch schälen, durch die Knoblauchpresse drücken, den Ingwer klein hacken. Gemeinsam mit den restlichen Zutaten mit einem Schneebesen gut vermengen und die Salatzutaten damit marinieren.

3. Den Tomaten-Avocado-Hirsesalat in einem tiefen Teller anrichten und mit etwas Petersilie bestreut servieren.

Dieser Salat ist für mich nicht nur ein Gaumen-Feuerwerk sondern auch ein Darmfreund. Hirse als Ersatz für Weizen in Form von Couscous oder Bulgur punktet damit, dass sie kein Gluten enthält, dafür aber hochwertiges pflanzliches Protein und komplexe Kohlenhydrate. Da diese wiederum nur langsam in unserem Verdauungssystem aufgeschlüsselt werden, sorgen sie für eine lange Sättigung und verhindern dadurch Heißhungerattacken. Das hochwertige Fett der Avocado sorgt ebenfalls dafür, dass alle Nährstoffe langsam aufgenommen werden.

Ensaladilla Rusa à la Mari-Carmen

Zutaten:

400 g Kartoffeln
vorwiegend festkochend
200 g Karotten
125 g Erbsen tiefgekühlt
100 g gegrillte Paprika in Lake
10 Stück grüne Oliven
2 hartgekochte Eier
150 g Thunfisch im eigenen Saft
Salz

Für die Mayonnaise:

150 ml Sojadrink (zimmerwarm)
1 TL Senf
1 TL Apfelessig
1 Spritzer Zitrone
200 ml Rapsöl oder Olivenöl
Salz und Pfeffer

Zubereitung:

1. Kartoffeln am Vortrag kochen, schälen und in kleine Würfel schneiden. Karotten waschen, in kleine Würfel schneiden und mit den Erbsen dünsten.

2. Für die Mayonnaise der Reihe nach alle Zutaten in ein hohes Gefäß geben. Den Stabmixer hineinstellen und dann auf höchster Stufe mixen. Den Stabmixer erst dann langsam hochziehen, wenn eine cremige Konsistenz entstanden ist. Besser mit dem Stabmixer länger am Boden des Mixbehälters verharren als zu kurz.
3. Hartgekochte Eier schälen, das Eiweiß in kleine Stückchen hacken und die Dotter mit einer Gabel zerdrücken, bis sie bröselig sind. Die Oliven in feine Ringe und Paprika in feine Streifen schneiden.
4. Gemüse mit Mayonnaise vermengen, den Thunfisch abtropfen, zerpflücken, mit dem Eiweiß und den Oliven unterheben. Abschmecken und eventuell noch nachsalzen.
5. Zum Anrichten schichten Sie die Ensaladilla auf einen flachen Teller. Obenauf mit den zerdrückten Eidottern bestreuen und mit den Paprikastreifen verzieren.

Jetzt wissen Sie schon, dass die am Vortag gekochten Kartoffel mit der enthaltenen resistenten Stärke ein Festmahl für Ihre guten Darmbakterien sind, die sich anschließend mit der Produktion von Buttersäure bei Ihnen bedanken. Ihre Darmschleimhaut wird genährt und Ihr Gehirn auf fit getrimmt. Oliven aber auch Olivenöl (in der mediterranen Küche sehr geschätzt) helfen mit der darin enthaltenen einfach ungesättigten Ölsäure, unsere Gefäße „sauber" zu halten und damit das Risiko für Herz-Kreislauf-Erkrankungen zu senken. Deshalb gebe ich beim Anrichten auf fast alle meine Gerichte ein wenig hochwertiges kaltgepresstes Olivenöl. Die Mayonnaise bereite ich vegan zu – und das ist gut so. Denn so habe ich vor allem im Sommer keine Sorge mehr, dass sie rasch verdirbt. Da kein rohes Ei darin enthalten ist, kann ich im Kühlschrank gelagerte Reste davon auch noch einige Tage später verwenden.

Chicorée-Salat mit Parmesan

Zutaten für 2 Personen:

2 Stück Chicorée
2 Frühlingszwiebeln
100 g Parmesan
2 EL Balsamico Essig
4 EL Kürbiskernöl
1 Knoblauchzehe
Salz und Pfeffer

Zubereitung:

1. Chicorée und Frühlingszwiebeln in feine Streifen schneiden. Den Parmesan in kleine Stücke brechen.
2. Für das Dressing Knoblauchzehe schälen und durch die Knoblauchpresse drücken. Mit einem Schneebesen Balsamico Essig, Kürbiskernöl, Salz, Pfeffer und Knoblauch cremig rühren.
3. Das Dressing unter den Salat rühren, auf zwei Tellern anrichten und mit etwas Parmesan und Frühlingszwiebelringen dekorieren.

Chicorée zählt zu den beliebtesten Bitterstofflieferanten für unsere Verdauungsorgane. Insbesondere unsere Leber können wir damit bei guter Laune halten. Der Ballaststoff Inulin ist wiederum Darmfutter der Extraklasse. Natürlich können Sie dieses Rezept auch mit anderen wertvollen Bitterstofflieferanten wie zum Beispiel Rucola, Endivie oder Artischocke zubereiten.

Poke Bowl mit Lachs

Zutaten für 2 Portionen:

160 g Basmatireis (am Vortag gekocht)
30 g Mandeln oder Macadamia-Nüsse, gehackt
4 Frühlingszwiebeln
1 kleine Avocado
300 g frischer Lachs (Sushi-Qualität)
1 EL Tamari
1 TL Honig
1 EL frischer Koriander
1 EL gerösteter Sesam + 1 EL Schwarzkümmelsamen

Für das Dressing:

Saft einer Bio-Limette + etwas Limettenabrieb
1 EL Sesamöl
1 EL Tamari
Etwas Honig
Etwas Chili (optional)

Zubereitung:

1. Den Reis über Dampf erwärmen. Mandeln klein hacken. Frühlingszwiebeln in Ringe schneiden. Die Avocado schälen, Kern entfernen und in kleine Würfel schneiden.
2. Den Lachs in 1 cm große Würfel schneiden und in einen tiefen Teller legen.
3. In einer Pfanne die Mandeln oder Macadamia-Nüssen zusammen mit Tamari und Honig für eine Minute anrösten und karamellisieren lassen.

4. Für das Dressing alle Zutaten, wie angegeben, vermengen und 2/3 der Frühlingszwiebelringe unterheben. Wer es scharf mag, fügt etwas Chili hinzu. Anschließend die Thunfischwürfel mit dem Dressing marinieren.
5. Den warmen Reis auf zwei Schüsseln aufteilen und den marinierten Lachs dazulegen. Mit Avocado, Sesam, Kreuzkümmel, den restlichen Frühlingszwiebelringen, den Mandeln und dem Koriander bestreuen.

Die im Lachs enthaltenen Omega-3-Fettsäuren EPA und DHA können unser Herz schützen und unseren Stoffwechsel aktivieren. Leider ist der heutige Lachs mit mehr oder weniger Schwermetallen belastet und sollte daher nicht öfter als einmal die Woche auf unserem Teller landen. Sollten Sie zu den schlechten Entgiftern zählen, kann es besser für Sie sein, auf Meeresfisch zu verzichten. Die wertvollen Omega-3-Fettsäuren können Sie dann über eine hochwertige Ergänzung aus Algen zu sich nehmen.

Ellis Winter-Bowl

Zutaten für 2 Personen:

100 g Reis gekocht vom Vortag
2 Eier halbweich gekocht
1 Avocado in Scheiben
200 g Brokkoli-Röschen gekocht
5 Walnüsse gehackt
1 TL Chiasamen
50 g rote Rübe gekocht, in Würfel geschnitten
1 Karotte gerieben
Saft einer halben Zitrone
2 EL Olivenöl
Steinsalz, Pfeffer aus der Mühle

Zubereitung:

1. Für das Dressing Zitronensaft, Olivenöl, Salz und Pfeffer mit einem Schneebesen cremig rühren.
2. Den Reis über Dampf kurz erwärmen, auf zwei Schüsseln verteilen und die restlichen Zutaten nach und nach auf dem Reis verteilen. Zum Schluss das Dressing darüber träufeln.

Das hier ist eine meiner Lieblingsbowls. Sie enthält zahlreiche Ballaststoffe für unsere winzigen Mitbewohner: Chiasamen, resistente Stärke im Reis, Walnüsse und rote Rübe. Das im Brokkoli enthaltene Senföl Sulforaphan ist ein rotes Tuch für den Magenkeim Helicobacter pylori. Brokkoli zählt zu den vitaminreichsten Gemüsesorten. Um von seinem hohen Gehalt an Vitamin C, Vitamin K oder Betacarotin zu profitieren, ist es jedoch wichtig, den Brokkoli nur sanft zu garen oder roh zu essen.

Zucchini-Kartoffel-Gemüse

Zutaten für 4 Portionen:

700 g Zucchini
500 g Kartoffeln, vorwiegend festkochend
1 große Zwiebel
4 Knoblauchzehen
1 rote Paprikaschote
1 gelbe Paprikaschote
400 g Tomaten, gestückelt aus der Dose
150 ml Olivenöl
150 ml heißes Wasser
2 TL getrockneter Oregano
4 EL gehackte Petersilie
Salz und Pfeffer

Zubereitung:

1. Zucchini waschen und in ca. 1 cm dicke Scheiben schneiden. Kartoffeln waschen, schälen und in nicht zu kleine Würfel schneiden. Zwiebel schälen und in dünne Scheiben schneiden. Knoblauchzehen schälen und hacken. Paprika waschen, schälen, entkernen und in Würfel schneiden.
2. Alle Zutaten mit den gestückelten Tomaten, dem Olivenöl, dem heißen Wasser und dem Oregano vermischen. Mit Salz und Pfeffer würzen und in einer ofenfesten Form im Backrohr bei 180°C Ober- und Unterhitze 30 Minuten garen.
3. Dann die Petersilie und noch etwas heißes Wasser dazugeben und eine weitere Stunde garen. In den letzten 15 Minuten die Ofentemperatur auf 210°C erhöhen, damit die Kartoffeln etwas anbräunen.
4. Das Zucchini-Kartoffel-Gemüse auf einem flachen Teller anrichten und mit etwas Petersilie bestreuen.

Dieses Gericht lässt sich hervorragend am Vortag vorbereiten. So sind Sie am nächsten Tag gewappnet, wenn Sie später aus dem Büro kommen und schnell ein leckeres Gericht auf den Tisch bringen wollen. Obendrein beglücken Sie Ihre freundlichen Darmbewohner mit ihrem Lieblingsfutter: der resistenten Stärke aus den Kartoffeln. Sparen Sie nicht mit dem Verdauungshelfer Oregano. Gerne können Sie auf den fertigen Auflauf noch frischen Oregano streuen.

Abendessen

So früh wie möglich – oder gar nicht

Eiweiß-Abendbrot

Zutaten:

150 g Mandelmehl entölt
100 g Leinsamenmehl oder Leinsamen geschrotet
8 Eier
300 g Magertopfen
4 EL Flohsamen
1 P. Weinstein-Backpulver
1 TL Meersalz
Gewürze nach Belieben (Koriander, Kümmel, Fenchel,...)
Nüsse zum Bestreuen (Walnüsse, Kürbiskerne, Sonnenblumenkerne)

Zubereitung:

1. Alle Zutaten mit einem Handmixer vermengen.
2. Eine Kastenform (mind. 25 cm) mit Backpapier auslegen und den Teig einfüllen. Die Form in den Ofen stellen und ca. 40 Minuten bei 160°C (Ober- und Unterhitze) backen. Nach dem Backen zum Auskühlen sofort auf ein Gitter legen.
3. Passt gut zu pflanzlichen Aufstrichen in Kombination mit Rohkoststreifen aus Kohlrabi, Karotte, Gurke oder Paprika.

Rezepte

Ich empfehle Ihnen grundsätzlich, Brot aus klassischen Getreidesorten wie Dinkel oder Roggen nur einmal täglich und am Morgen zu essen. Um in den Tag zu starten, benötigen wir Energie, und zu diesem Zeitpunkt sind Kohlenhydrate willkommen. Anders sieht es am Abend aus, wenn wir keine schnell verfügbare Energie mehr benötigen, da wir bald ins Bett gehen. Mit diesem Brot vermeiden Sie Blutzuckerspitzen und eine erhöhte Insulinausschüttung. Mit einem entspannten Blutzucker werden Sie besser schlafen. Auch die Regeneration durch Wachstumshormone kann ungestört ablaufen. Sollte ein Leaky Gut bei Ihnen festgestellt worden sein, können Sie dieses Brot getrost genießen – und Ihr Darm wird es Ihnen danken.

Bärlauch-Cremesuppe mit wachsweichem Ei

Zutaten für 4 Portionen:

400 g Bärlauch gewaschen
1 große Zwiebel
1 TL Gemüsebrühe ohne Geschmacksverstärker
2 EL Ricotta
4 Eier wachsweich gekocht
Steinsalz

Zubereitung:

1. Zwiebel schälen, achteln und gemeinsam mit dem Bärlauch, der Gemüsebrühe und dem Salz in einen passenden Topf geben.
2. 1 Tasse Wasser hinzufügen und zum Kochen bringen. Die Suppe nach ca. fünf Minuten vom Herd nehmen. Gießen Sie zunächst die Flüssigkeit in ein Gefäß. Pürieren Sie die Zutaten mit einem Stabmixer und geben Sie dann wieder so viel Flüssigkeit hinzu, bis die Suppe eine cremige Konsistenz hat.

3. Mit Ricotta verfeinern, mit Salz und Pfeffer abschmecken. Auf vier Tellern verteilen und mit den wachsweichen Eiern belegen.

Wenn im Frühjahr der Bärlauch wächst, bin ich die Erste, die sich auf den Weg macht, um ihn zu sammeln und daraus diese leckere Suppe oder auch einen Bärlauch-Spinat zu kochen. Bärlauch versorgt Sie mit viel Eisen und den Mineralstoffen Kalium und Magnesium. Da er außerdem sehr viel Vitamin C enthält, welches die Aufnahme von Eisen steigert, genieße ich ihn gerne auch roh auf einem Butterbrot oder im Salat.

Fruchtiger Mango-Paprika-Salat mit Ofen-Lachs

Zutaten für 2 Portionen:

2 Stück Lachsfilet
1 EL gemischte Kräuter wie Rosmarin, Thymian, Oregano
2 EL Olivenöl
Etwas Zitronensaft
Salz und Pfeffer

Für den Salat:

1 Avocado
1 Mango
1 rote Paprika
1 gelbe Paprika
1 Frühlingszwiebel
½ Bund Petersilie
Saft einer halben Zitrone
4-5 EL kaltgepresstes Olivenöl
1 KL Senf
Salz und Pfeffer

Zubereitung:

1. Die Lachsfilets mit den klein gehackten Kräutern, Olivenöl, etwas Zitronensaft, Salz und Pfeffer marinieren. In eine hitzebeständige Pfanne legen und im Ofen bei Ober-/Unterhitze bei 210°C 15 Minuten garen.
2. Für den Salat Avocado und Mango schälen, entkernen und in kleine Würfel schneiden. Gelbe und rote Paprika mit dem Sparschäler schälen, die Kerne entfernen und ebenfalls in kleine Würfel schneiden. Frühlingszwiebel in feine Ringe schneiden und Petersilie hacken. Alle Zutaten in eine Schüssel geben.
3. Für das Dressing Olivenöl, Zitronensaft, Senf, Salz und Pfeffer mit einem Schneebesen gut verrühren. Das Dressing zu den Salatzutaten geben und alles gut vermengen.
4. Salat auf einem flachen Teller anrichten und das fertig gegarte Lachsfilet darauflegen. Mit einer Zitronenscheibe und etwas gehackter Petersilie garnieren.

Sollten Sie das Gefühl haben, abends keine Rohkost zu vertragen, möchte ich Sie motivieren, diesen Salat trotzdem zu probieren. Da die Paprika geschält und entkernt sind, wird sie leichter verdaut. Enzyme und sekundäre Pflanzenstoffe in der Mango unterstützen Ihre Verdauung und machen diesen Salat zu einem Darmfreund erster Klasse. Achten Sie beim Kauf der Mango darauf, dass sie sonnengereift ist, um von ihren wertvollen Inhaltsstoffen zu profitieren.

Rote Rüben mit cremigen Mandel-Dressing

Zutaten für 2 Portionen:

280 g gekochte Rote Rüben
15 g Kürbiskerne geröstet

Für das Dressing:

40 g weißes Mandelmus
2 EL Zitronensaft
2 EL frischen Oregano
30 ml Reisdrink
Meer- oder Steinsalz
Pfeffer aus der Mühle

Zubereitung:

1. Die Roten Rüben in dünne Scheiben schneiden. Kürbiskerne grob hacken.
2. Für das Dressing Mandelmus mit Zitronensaft und Reisdrink (Konsistenz!) vermengen und dann mit Salz und Pfeffer kräftig würzen.
3. Die Rote-Rüben-Scheiben auf Tellern fächerartig anrichten, das Dressing darüber träufeln und mit den Kürbiskernen und Oregano bestreuen. Dazu passt eine Scheibe Dinkel-Sauerteigbrot. Die Farbe der Roten Rübe zeigt schon in welche Richtung es geht. Mit ihrem Gehalt an Eisen und Folsäure unterstützt sie unseren Organismus bei der Blutbildung. Ihr Gehalt an den Mineralstoffen Kalzium, Kalium, Magnesium und Natrium sowie dem roten Pflanzenstoff Betanin hat ihr den Ruf eingebracht, den Blutdruck positiv zu beeinflussen. Die Rote Rübe enthält auch Oxalsäure und sollte daher nicht zu oft gegessen werden, da sie unter Verdacht steht, die Bildung von Nierensteinen zu fördern.

Rezepte

Linsen-Gemüse-Salat

Zutaten für 4 Portionen:

500 g braune Linsen
5 Tomaten
5 Radieschen
1 gelbe Paprika
2 Karotten
3 Frühlingszwiebeln

½ Bund Petersilie
4 Handvoll Rucola
2 EL Olivenöl
2 EL Balsamicoessig weiß
1 TL Dijonsenf
Steinsalz, Pfeffer aus der Mühle

Zubereitung:

1. Linsen waschen und über Nacht in kaltem Wasser einweichen. Am nächsten Tag in einem Druckkochtopf garkochen. Für Eilige: Gekochte Linsen aus der Dose verwenden. Diese einfach nur in ein Sieb geben und mit klarem Wasser abwaschen.
2. Gemüse waschen. Tomaten und Paprika von den Stielansätzen befreien, mit dem Sparschäler schälen, entkernen und würfelig schneiden. Karotten schälen und zusammen mit den Radieschen ebenfalls in Würfel schneiden.
3. Frühlingszwiebeln putzen, waschen und in Ringe schneiden. Petersilie waschen und trocken schütteln. Blätter von den Stielen zupfen und fein hacken.
4. Linsen und das vorbereitete Gemüse gut mischen, Petersilie dazugeben. Aus Olivenöl, Balsamico Essig, Dijonsenf, Salz und Pfeffer ein Dressing rühren, über den Salat geben und gut untermischen. Den Linsen-Gemüse-Salat auf Rucola anrichten.

Dieser Salat liefert mit den enthaltenen Linsen eine fantastische pflanzliche Eiweißquelle sowie viele Mineralstoffe und B-Vitamine. Die enthaltenen Ballaststoffe sind Darmschmeichler und unterstützen tatkräftig ein gesundes Darmmikrobiom.

Papaya-Avocado-Salat mit Limetten-Ingwerdressing

Zutaten für 4 Portionen:

2 reife Avocados
1 große Papaya
Saft von 2 Limetten
2 EL Olivenöl
1 daumengroßes Stück Ingwer
Salz, bunter Pfeffer aus der Mühle

Zubereitung:

1. Avocados halbieren, schälen, vom Kern befreien und in Scheiben schneiden. Die Papaya ebenfalls halbieren, von den Kernen befreien und in Scheiben schneiden.
2. Ingwer schälen, durch die Knoblauchpresse drücken und mit dem Saft der Limetten, dem Olivenöl, Salz und Pfeffer zu einem Dressing rühren.
3. Avocado- und Papaya-Streifen auf vier Tellern anrichten und mit dem Dressing überziehen. Wenn Sie abends sehr hungrig sind, dann kombinieren Sie den Salat mit gebratenem Huhn, Pute, Rind, Fisch oder Meeresfrüchten.

Ich hatte schon erwähnt, dass die Papaya mit dem enthaltenen Enzym Papain die Eiweißverdauung unterstützt und daher als Nachspeise eine verdauungsfreundliche Alternative zu Süßspeisen darstellt. Darüber hinaus decken Sie mit gerade einmal 100 Gramm Papaya Ihren Tagesbedarf an Vitamin C. Die Kerne der Papaya eignen sich gut als Pfefferersatz. Im Sommer gebe ich sie in eine Schüssel und lasse sie an der Sonne trocknen. In eine kleine Pfeffermühle gefüllt, würze ich damit meine Speisen. Unser Darm profitiert von den Bitterstoffen und ich bekomme beim Gedanken an die Papaya ein wenig Sommerfeeling.

Asiatische Eierspeise à la Elli

Zutaten für 2 Portionen:

4 Eier
150 g Shiitake Pilze
2 Frühlingszwiebeln
1 TL Sesamöl geröstet
3 EL Tamari-Soße
1 TL Sesam
1 TL Schwarzkümmel
½ Bund Koriander frisch

Zubereitung:

1. Die Eier in einer Schüssel schaumig aufschlagen.
2. Frühlingszwiebeln in Ringe, Shiitake Pilze in Scheiben schneiden. Etwas von den Frühlingszwiebeln zur Seite geben. In einer beschichteten Pfanne Shiitake Pilze und die restlichen Frühlingszwiebeln mit dem Sesamöl anrösten und mit der Tamari-Soße ablöschen.
3. Die Ei-Masse in die Pfanne gießen und etwas stocken lassen, umrühren. Den Koriander fein hacken.
4. Die fertige Eierspeise auf zwei Tellern anrichten. Mit Sesam, Schwarzkümmel, Frühlingszwiebeln und Koriander bestreuen.
5. Dazu passt ein kleiner gemischter Salat aus eingelegtem Kraut, Karotten und Gurken.

Shiitake Pilze sind – wie auch Eierschwammerl und Steinpilze – meine Favoriten unter den Pilzen. Denn Shiitake haben allerhand zu bieten. In Asien wird der Shiitake Pilz als König der Heilpilze bezeichnet. Und das nicht ohne Grund, denn er schafft es, die Vermehrung unserer guten Darmbakterien zu fördern und dabei aber den krankmachenden

Darmpilz Candida albicans zu verdrängen. Sonnengereifte Shiitake Pilze liefern uns wertvolles Vitamin D und das Spurenelement Zink, die beide unser Immunsystem stärken. In Kombination mit den Eiern und ihrem Gehalt an Lecithin freut sich unser Darm gleich doppelt. Lecithin ist wie auch die Aminosäure L-Glutamin DER Nährstoff, um unsere Darmschleimhaut optimal zu versorgen oder im Falle einer Schädigung zu regenerieren.

Darmschmeichler-Knochenbrühe vom Weiderind

Zutaten für 4 Portionen:

2 Kilo Rindermarkknochen
3 Karotten
½ Lauch
1 Zwiebel
2 Scheiben vom Knollensellerie
3 Lorbeerblätter
1 TL Wacholderbeeren
1 TL Pfefferkörner schwarz
4 L Wasser
2 EL Apfelessig
1 TL Steinsalz

Zubereitung:

1. Das Gemüse putzen und in grobe Würfel schneiden.
2. Die Knochen in einen hohen Topf in Wasser geben und zum Kochen bringen. Den dabei entstehenden Schaum immer wieder abschöpfen. Wenn kaum mehr Schaum entsteht, das Gemüse,

die Lorbeerblätter, die Wacholderbeeren und den Pfeffer hinzu fügen und für zwei Stunden köcheln lassen.

3. Eventuell etwas Wasser nachgießen, damit alle Zutaten gut bedeckt sind. Jetzt den Apfelessig hinzufügen und für zwölf Stunden sanft köcheln lassen.
4. Zu guter Letzt die Knochenbrühe abseihen, salzen, gleich genießen oder in saubere Schraubgläser füllen. Für die spätere Verwendung abgekühlt entweder in den Kühlschrank stellen oder einfrieren.

Grundsätzlich versuche ich so oft wie möglich selbst zu kochen. Bei der Knochenbrühe gebe ich zu, dass ich mir hier sehr gerne unter die Arme greifen lasse und sie im Bio-Supermarkt kaufe. Es ist essenziell, dass Sie nur Bio-Knochenbrühe vom Weiderind kaufen. Ich habe schon beschrieben, dass der Gehalt an L-Glutamin, Kollagen und der hohe Gehalt an Mineralstoffen die Knochenbrühe zu einem Lebenselixier und Darmschmeichler machen. Ich genieße sie übrigens bevorzugt im Sommer als Mineralstofflieferant, wenn ich viel schwitze.
Mit einem Schuss Kokosmilch und ein wenig Ingwer trinke ich sie gerne, bevor ich morgens laufen gehe. Außerdem verwende ich sie gerne als Soßengrundlage.

Zwischenmahlzeiten

Müssen nicht sein – Ausnahmen bestätigen die Regel

Rezepte

Manchmal kann es notwendig sein, eine Zwischenmahlzeit zu sich zu nehmen. Wie ich bereits erklärt habe, kann es für Menschen mit einer Nebennierenschwäche und damit verbundenen Blutzuckerschwankungen sinnvoll sein, eine Zwischenmahlzeit zu sich zu nehmen, um ihre Nebennieren zu entlasten. Auch wenn wir am Vortag sehr sportlich waren und zu wenig gegessen haben, kann es am Folgetag dazu kommen, dass wir ein paar mehr Kalorien benötigen und schon zwei oder drei Stunden nach dem Frühstück wieder hungrig sind.
Daher haben ich Ihnen einige blutzucker- und darmfreundliche Ideen für Zwischenmahlzeiten zusammengestellt.

Rezepte

Karotten-Apfelsalat:
Eine halbe Karotte und einen halben Apfel reiben. Mit etwas Zitronensaft beträufeln und mit einer Handvoll Walnüssen oder anderen Nüssen Ihrer Wahl bestreuen.

Hummus mit Gemüsesticks
Einfach ein Glas Hummus aus dem Bio-Supermarkt in eine kleine Schüssel. Gemüsestreifen aus Karotte, Kohlrabi, Gurke oder Sellerie zum Dippen vorbereiten.

Avocado-Ei
Die Avocado halbieren, in Streifen schneiden, mit etwas Zitronen- oder Limettensaft beträufeln und auf einen Teller legen. Ein hartgekochtes Ei (am besten hartgekochte Eier vorbereitet im Kühlschrank aufbewahren) in Achtel schneiden, auf die Avocado legen und mit Steinsalz würzen.

Beeren-Joghurt
Einen Becher Schaf- oder Ziegenjoghurt mit einer Prise Bourbon-Vanille vermengen und einer Handvoll Himbeeren, Heidelbeeren oder Erdbeeren bestreuen.

Mandelmus mit Banane
Banane in Scheiben schneiden, mit Mandelmus bestreichen und mit Zimt bestreuen.

Paranuss-Snack
Zwei Medjoul-Datteln entkernen. Mit jeweils einer Paranuss füllen und genießen. Sie können die Datteln auch mit ein wenig Cashew-Mus füllen.

Süße Gaumenfreuden

Darmfreundlich und glücksbringend

Müsli-Kekse à la Elli (vegan)

Zutaten für 24 Kekse:

200 g zarte Haferflocken
100 g gemahlene Haselnüsse (oder Mandeln, Walnüsse, Paranüsse)
60 g Kokosblütenzucker
20 g Leinsamen oder Chiasamen
40 g Rosinen (oder Maulbeeren,
klein geschnittene getrocknete Marillen)
40 g Gojibeeren
5 EL Kokosöl
200 ml Mandel-, Reis- oder Haferdrink
70 – 80 g Schokotropfen

Zubereitung:

1. Zuerst alle trockenen Zutaten in einer Rührschüssel vermengen.
2. Flüssiges Kokosöl unterrühren. Mandelmilch ebenfalls unterrühren, bis eine teigige Konsistenz entsteht.
3. Backpapier auf ein Backblech legen. Mit zwei Löffeln eine kleine Menge der Keksmischung entnehmen, auf das Backblech legen und mit der Hand flach drücken.
4. Bei 180 C° Umluft ca. 10-15 Minuten im Backofen goldbraun backen. Darauf achten, dass die Kekse nicht zu dunkel werden.
5. Die Kekse abschließend vollständig auskühlen lassen, bevor Sie sie in eine Keksdose geben.

Bananenkuchen mit Marillen oder Zwetschken

Zutaten:

3 kleine reife Bananen
60 g geriebene Mandeln
3 Eier
1 EL Rapsöl
1 gestr. TL Weinsteinbackpulver
1 gestr. TL Zimtpulver
Eine Prise Steinsalz
Einige frische Marillen oder Zwetschken

Zubereitung:

1. Die Bananen in einer Rührschüssel zerquetschen.
2. Die restlichen Zutaten – bis auf Marillen oder Zwetschken – hinzufügen und mit dem Handrührgerät mit Schneebesen zu einem weichen Teig verarbeiten. Probieren Sie, ob die Masse süß genug ist. Wenn nicht, können Sie etwas Honig, Dattelsüße oder Ahornsirup hinzufügen.
3. Den Teig in eine mit Backpapier ausgelegte kleine Kastenform geben. Mit halbierten Marillen oder Zwetschken belegen und leicht andrücken. Im Backrohr mit Umluft bei 170°C ca. 35 Minuten backen.

Erdbeer-Mandel-Eis

Zutaten für 2 Personen:

250 – 300g Erdbeeren
1 EL Mandelmus weiß
2 – 3 EL Kokosmilch
2 TL Kokos-Chips

Zubereitung:

1. Frische Erdbeeren waschen, trocknen, halbieren und am Vortag einfrieren. Oder Tiefkühl-Erdbeeren verwenden.
2. Die gefrorenen Erdbeeren aus dem Tiefkühler nehmen und ca. 15 Minuten antauen lassen. Mandelmus und Kokosmilch hinzufügen und mit einem Stabmixer pürieren.

Exotischer Früchtesalat

Zutaten für 4 Personen:

1 Zuckermelone
4 Maracujas
8 Litschis
8 Physalis
Eiswürfel

Zubereitung:

1. Die Zuckermelone halbieren, mit einem großen Löffel entfernen, schälen und in Spalten schneiden.
2. Maracuja waschen und halbieren. Litschis schälen und entkernen. Physalis waschen.
3. Eiswürfel in vier kleine tiefe Teller legen und das Obst darauf verteilen.

Low-Carb Crunchy

Zutaten für 16 Portionen:

100 g Kokos-Chips
Jeweils 50 g Mandeln, Walnüsse, Kürbiskerne, Pekannüsse, Cashews und Haselnüsse (Sie können auch nur eine oder zwei Arten von Nüssen verwenden.)
2 EL Chiasamen
1 TL Zimt gemahlen
40 g Kokosöl
3 EL Ahornsirup (optional)

Zubereitung:

1. Die Nüsse ein wenig hacken, in eine Schüssel geben und mit den restlichen Zutaten vermischen.
2. Backofenblech mit Backpapier auslegen, die Mischung darauf verteilen und bei 120°C Ober-/Unterhitze ca. 30 Minuten backen. Zwischendurch wenden. Die Backzeit hängt davon ab, wie dunkel Sie das Crunchy mögen. Lassen Sie es ganz abkühlen, bevor Sie es in ein Vorratsbehältnis geben.

Ich persönlich genieße dieses Crunchy pur, mit etwas Haferdrink oder auf einem Schafjoghurt.

Anhang

Anhang

Wenn Sie dieses Buch bis zu dieser Stelle gelesen haben, dann reiche ich Ihnen die Hand. Lassen Sie uns die Reise in unser Bakterien-Universum gemeinsam fortsetzen und unsere freundlichen Mitbewohner als überzeugte Bakterienfreunde bestmöglich unterstützen. Die Wahrheit ist, dass wir nur einen winzigen Blick in die unendliche Welt der Mikroorganismen gewagt haben. Die Mikrobiomforschung wird noch viele spannende Entdeckungen mit sich bringen und zahlreiche Erkenntnisse liefern.
Bitte beachten Sie: Meine Empfehlungen in diesem Buch verstehen sich als Inspirationen und können dadurch nicht individuell auf Sie zugeschnitten sein.
Ich hoffe, dass unter allen Informationen eine für mich persönlich wichtige Botschaft bei Ihnen angekommen ist: und zwar der bewusste und selektive Umgang mit Antibiotika. Wir Menschen als wandelnde Bakterienuniversen, sollten uns selbst als auch den Superhelden im eigenen Darm ungeteilte Aufmerksamkeit schenken. Wenn wir uns dann auch noch daran erinnern, dass die gleichzeitige Gabe eines medizinisch relevanten Probiotikums uns vor einem Kahlschlag unserer körpereigenen Bakterienwelt schützt, ist das schon ein wertvoller Beitrag für unsere Gesundheit. Und zwar nicht nur für unsere eigene, sondern auch für die Gesundheit der Menschen,
an die wir dieses Wissen weitergeben.

Schlussbemerkung

Was ich Ihnen ans Herz legen möchte

In meiner Beratungstätigkeit führe ich viele Gespräche mit Menschen, die sich in belastenden Lebenssituationen befinden und dadurch chronisch gestresst und überfordert sind. Sie leiden unter verschiedensten gesundheitlichen Beschwerden. Allen gemeinsam ist, dass sie für jeden ihrer Mitmenschen da sein wollen und nicht ausreichend auf ihre eigenen Bedürfnisse achten.

SELBSTFÜRSORGE ist für diese Menschen ein Fremdwort. Dabei ist es essenziell und gut, für sich selbst zu sorgen, um für wichtige, geliebte Menschen da sein zu können. Sie kennen vielleicht den Ratschlag, bei Druckverlust in einem Flugzeug sich selbst zuerst die Sauerstoffmaske anzulegen, bevor Sie jemand anderem helfen. Genau dazu möchte ich Sie motivieren. Als wandelnde Bakterien-Universen ist es wichtig, sich selbst und damit auch den Superhelden im eigenen Darm ungeteilte Aufmerksamkeit zu schenken.

Stellen Sie sich Ihre SELBSTFÜRSORGE wie ein Puzzle vor. Wenn Sie etwas verändern wollen, dann nehmen Sie einen Puzzlestein, der den Namen „Entspannungsübungen machen“ trägt. Sobald Sie die Entspannungsübungen in Ihren Alltag integriert haben, nehmen Sie einen weiteren Puzzlestein mit dem Namen „Selbst kochen“ – und so weiter und so fort. Gott hat die Welt nicht an einem Tag erschaffen. Auch Sie müssen „nichts übers Knie brechen“, wie der Wiener zu sagen pflegt. Wenn Sie in Ihrem Leben etwas verändern wollen, gehen Sie einen Schritt nach dem anderen – aber IMMER in Richtung SELBSTFÜRSORGE.

In diesem Sinne wünsche ich Ihnen ein gutes BAUCHGEFÜHL und:
BLEIBEN SIE GESUND!

Ihre Bakterienfreundin,
Elisabeth Polster

Weiterführende Bücher:

Lothar Ursinus: Der Darm – Die Wurzel der Gesundheit Ratgeber – Immunsystem; Schirner Verlag; April 2022

Elisabeth Polster: sündigen ERLAUBT – Zum Wohlfühlgewicht ohne Diät; Goldegg Verlag; Februar 2016

Prof. Dr. med. Ansgar W. Lohse / Ulf C. Goettges: Das Schweigen der Leber: Die lebenswichtigen Geheimnisse eines stillen Organs; Trias 2023

Klaus-Dietrich Runow: Der Darm denkt mit: Wie Bakterien, Pilze und Allergien das Nervensystem beeinflussen; Südwest 2012

Edward Bullmore: Die entzündete Seele: Ein radikal neuer Ansatz zur Heilung von Depressionen; Goldmann 2019

Martin J. Blaser: Antibiotika-Overkill: So entstehen die modernen Seuchen; Herder 2017

Martin Riegler, Petra Fuss, Karin Hönig-Robier: Wenn Stress sauer aufstößt: Der Weg zu einer gesunden Speiseröhre; facultas / maudrich 2022

Dr. David Perlmutter: Scheißschlau: Wie eine gesunde Darmflora unser Hirn fit hält; Goldmann Verlag 2018

Dr. Anne Katharina Zschocke: Natürlich heilen mit Bakterien: Gesund mit Leib und Seele; atVerlag 2016

Dr. med. Anne Fleck: Energy! Der gesunde Weg aus dem Müdigkeitslabyrinth – Mit 30-Tage-Selbsthilfeprogramm; dtv 2023

Dr. Susan Blum: Autoimmunerkrankungen erfolgreich behandeln: Das 4-Schritte-Programm für ein gesundes Immunsystem; VAK 2019

Prof. Dr. Michaela Axt-Gadermann: Mikrobiomanalyse verstehen und richtig interpretieren - Aktualisiert und für alle erhältlichen Darmflora-Tests geeignet; südwest 2022

Mag. Anita Frauwallner: Was tun, wenn der Darm streikt: Probiotika sinnvoll einsetzen; Dalasa 2023

Mag. Anita Frauwallner: Der Darm - Unser Jungbrunnen. Fit, vital und jung. Mit 30 Rezepten für ein starkes Mikrobiom; Kneipp 2023

Ganzheitsmediziner mit dem Schwerpunkt Darmgesundheit

ÖSTERREICH

Dr. med. Roland Schaufler
Praxis für ganzheitliche
Diagnose und Therapie
www.praxis-schaufler.at

OA Dr. med. Jürgen Kasper
Mayr Prevent
www.juergenkasper.at

Dr. med. Heinz Gyaky
Allgemeinmedizin/
Ernährungsberatung/Darmberatung
www.ordination-bad-tatzmannsdorf.at

Dr. med. Christian Schuberth
Allgemeinmedizin/FX-Mayr Medizin/
Präventivmedizin
www.drschuberth.at

DEUTSCHLAND

Markus Grimm (Naturheilzentrum
Alstertal), Heilpraktiker
Darm-, Stoffwechsel-
und Hormonregulation
www.naturheilzentrum-alstertal.de

Dagmar Praßler, Heilpraktikerin
Vitalmedizin, Mikrobiom-Therapie
www.vitalmed-praxis-prassler.de

Dr. Robert Barring
Funktionelle Medizin
und Stressmedizin
www.robert-barring.de

Danksagung

Ich möchte mich von ganzem Herzen bei Frau Mag. Anita Frauwallner bedanken. Seit mehr als 30 Jahren setzt sie sich unermüdlich für die Mikrobiomforschung ein und unterstützt Menschen mit Herz und Seele dabei, wieder gesund zu werden. Durch ihr Vertrauen darf ich einen Teil dieses spannenden Weges mit ihr gehen und die Begeisterung für Bakterien mit ihr teilen. Sie war es, die mich zum Schreiben dieses Buches motiviert hat und die mir bis heute mit Rat und Tat zur Seite steht. Gerne unterstütze ich sie dabei, ihr persönliches Ziel und ihre Vision zu erreichen: nämlich medizinisch relevante Probiotika zum fixen Bestandteil unseres Gesundheitssystems zu machen, damit diese auch für jeden leistbar werden.
Meinem Mann Markus möchte ich hier noch einmal von ganzem Herzen für sein Verständnis danken – für die Zeit, in der ich beim Schreiben meines Buches unabkömmlich war. Ich möchte ihm danken, dass er ein Auge auf mein verbesserungswürdiges Zeitmanagement hatte, was mich letztendlich den vereinbarten Abgabetermin einhalten ließ.

Dieses Buch wurde ohne Zuhilfenahme
künstlicher Intelligenz geschrieben.

DALASA
VERLAG

ISBN: 978-3-9505274-1-4

Hinweis: Im Sinne einer flüssigen Lesbarkeit wird bei geschlechtsspezifischen Begriffen in den Texten auf die Hinzufügung der jeweiligen weiblichen Formulierungen verzichtet. Alle personalen Begriffe sind jedoch geschlechtsneutral gemeint, also weiblich und männlich zu lesen.

Cover und Layout: Markenstolz KG
Lektorat: Lisa Türk
Druck und Bindung: Bösmüller Print Management GmbH & Co. KG

BÖSMÜLLER FOR CLIMATE
CO_2-NEUTRAL

Bildnachweise:
pexels.com: S. 8, 39, 40, 50, 63, 92, 113, 116, 122, 124, 134, 144, 156, 159, 160, 163, 166
istock.com: S. 7, 13, 17, 81, 83, 87, 90, 109, 110, 119, 132, 155, 157
envato.com: S. 27, 49
Elisabeth Polster: S. 5, 164
Kurt Albrechtshofer: Portrait Elisabeth Polster
unsplash.com: S. 96